Les silences de la doctrine sociale catholique

Dans la même collection

Questions venues de l'Est, Jean-Yves Calvez, 1992.
Dieu et l'écologie, René Coste, 1994.
Incroyable Église !, Luis Pérez Aguirre, 1994.
L'acte de mémoire, Jacques Sommet, Albert Longchamp, 1995.
Les nouvelles manières de croire, sous la direction de Leïla Babès, 1996.
Le catholicisme et la démographie, René Valette, 1996.
L'islam positif, Leïla Babès, 1997.
Nécessité du travail, Jean-Yves Calvez, 1997.

Imprimé en France *Printed in France*

ISBN 2-7082-3432-3
ISSN 1242-6431

Jean-Yves CALVEZ

LES SILENCES DE LA DOCTRINE SOCIALE CATHOLIQUE

LES EDITIONS DE L'ATELIER
Les Editions Ouvrières
12 avenue Sœur Rosalie
75013 Paris

Du même auteur

La pensée de Karl Marx, Éditions du Seuil, 1956, et « Points Politique », n° 38, 1983.

Introduction à la vie politique, Aubier, 1967.

Foi et Justice : la dimension sociale de l'évangélisation, Desclée de Brouwer, 1985.

Une éthique pour nos sociétés, Nouvelle Cité, 1988.

L'économie, l'homme, la société, Desclée de Brouwer, 1989.

Tiers monde, un monde dans le monde, Éditions de l'Atelier, 1989.

Développement, emploi, paix, Desclée de Brouwer, 1989.

L'Église pour la démocratie (en collaboration avec H. Tincq), Bayard Éditions-Centurion, 1992.

L'homme dans le mystère du Christ, Desclée de Brouwer, 1993.

L'Église devant le libéralisme économique, Desclée de Brouwer, 1994.

Politique : une introduction, Aubier-Flammarion, 1995.

Le père Arrupe, l'Église après le Concile, Le Cerf, 1997.

Socialismes et marxismes, inventaire pour demain, Le Seuil, 1998.

Église et société, un dialogue Orthodoxe russe-Catholique romain, avec A. Krassikov, Le Cerf, 1998.

Introduction

« Doctrine », dans l'expression « doctrine sociale de l'Église (catholique) », ne veut pas dire dogme, surtout pas dogme central comme l'est l'Incarnation du Fils de Dieu en Jésus-Christ ou la Trinité des personnes, l'unité de nature de celles-ci en Dieu. Il s'agit de « doctrine » cependant en ce sens que l'Église se sent un devoir de l'enseigner, de la donner comme vraie, et très utile, indispensable même, pour l'existence chrétienne. Certains préfèrent dire « enseignement social de l'Église ». Une fois qu'on a écarté l'équivalence entre doctrine et dogme, il n'y a plus guère de différence entre doctrine sociale et enseignement social, il y a plutôt à peu près équivalence. Ce qui est certain, c'est qu'il y a des problèmes de la vie sociale qui ne peuvent laisser l'Église ni ses membres indifférents, sur lesquels au contraire elle s'engage, et eux doivent aussi s'engager fermement. Et voilà de quoi il s'agit quand on parle de « doctrine sociale catholique » ou de « doctrine sociale de l'Église (catholique) ». On pourrait dire encore : « implications sociales du christianisme. »

Il y a toujours eu une telle doctrine ou un tel enseignement, plus ou moins développé, dans l'Église. Saint Paul, saint Jacques, déjà, nous donnent, par delà l'Évangile, des indications précieuses. Les Actes des apôtres, d'autre part, nous interrogeront à jamais par leurs notations sur la vie des chrétiens de la première heure : « Tous les croyants mettaient tout en commun ; ils vendaient leurs propriétés et leurs biens et en partageaient le prix entre tous selon les besoins de chacun » (2, 44-45). Un peu plus loin, il est dit : « Parmi eux nul n'était dans le besoin ; car tous ceux qui possédaient des terres ou des maisons les vendaient, apportaient le prix de la vente et le déposaient aux pieds des apôtres. On distribuait alors à chacun selon ses besoins » (4, 34-35).

Saint Jean Chrysostome, le grand docteur, a beaucoup enseigné, quant à lui, de sa chaire, à Constantinople, sur la richesse et la pauvreté. Saint Thomas d'Aquin, ensuite, a dit des choses fondamentales sur la destination commune des biens de ce monde... Mais il y a, très particulièrement, comme un « bloc » d'enseignement social moderne qui commence avec l'encyclique *Rerum novarum* de Léon XIII en 1891 et qui va jusqu'à notre temps. C'est un aspect majeur de l'histoire de l'Église du XXe siècle. Il y a certes eu dans ce temps des hauts et des bas. Avec Jean-Paul II, récemment, il y a eu une reprise, après une crise : comme une grande « relance ». On peut se demander si elle a réussi.

Nous tenterons ici un bilan – de fin de siècle – : nous nous emploirons surtout à relever *ce qui manque actuellement*, à repérer les questions mal résolues, et à esquisser des réponses. Quelle doctrine sociale de l'Église pour demain ? ce pourrait être aussi notre titre. Nous traiterons du travail, et spécialement du chômage et de l'emploi, puis de la finance, du capitalisme même ; puis de sujets politiques : droits de l'homme, démocratie ; enfin de la nature même de la doctrine sociale de l'Église : est-elle affaire de « révélation » ou de droit naturel ? quelle place fait-elle au dialogue avec les autres traditions, au dialogue tout court ? Nous envisagerons en fait tout un programme pour demain.

Chapitre 1

LA RELANCE PAR JEAN-PAUL II À PARTIR DE 1979

Le premier point à retenir l'attention aujourd'hui, c'est que, sur le fond d'une certane crise de la doctrine sociale de l'Église dans les années soixante et surtout soixante-dix, le pape Jean-Paul II s'est attaché dans son pontificat à la relancer, et ceci commence dès son intervention à l'Assemblée générale de l'Épiscopat latino-américain à Puebla en janvier 1979. Il importe alors de caractériser d'abord, successivement, et ce moment de crise et cette relance. En fonction de quoi pourra être appréciée la contribution propre de Jean-Paul II (dans les chapitres suivants de notre ouvrage).

Denis Maugenest, publiant en 1985 la première édition du recueil de textes désormais fameux, *Le discours social de l'Église catholique de Léon XIII à Jean-Paul II*[1], caractérisait ainsi la doctrine sociale de l'Église à l'avènement de Jean-Paul II : « La période historique ouverte avec *Mater et magistra* (1961) et *Pacem in terris* (1963), culminant avec les grands textes conciliaires *Gaudium et spes* et *Dignitatis humanae* (1965), auxquels on peut joindre *Populorum progressio* (1967), s'était close en 1971 avec *Octogesima adveniens* et *Justitia in mundo* »[2].

« Non sans une certaine ambiguïté que révélaient ces deux derniers textes, d'inspiration sensiblement différente »[3], ajoutait notre auteur. Qu'était-ce à dire ? Il y avait, je pense, ambiguïté en ce sens surtout que deux lignes de pensée distinctes, bien que pas forcément opposées entre elles, se manifestaient : l'une de style plutôt européen, l'autre de style plutôt latino-américain, tiers-mondiste au sens large de ce terme. Le document de style latino-américain s'écartait de la doctrine sociale de facture classique. Dans l'autre, il y avait l'expression d'une hésitation sur la possibilité d'une « parole universelle » de l'Église aujourd'hui. Il y avait donc incertitude, selon la suggestion de D. Maugenest, sur ce qu'était ou devenait la doctrine sociale de l'Église... Et après 1971, il y a comme un silence. « La période qui allait suivre se montre, dit Maugenest, moins féconde en discours solennels du magistère : c'est l'heure des décantations "sur le terrain", avec tout ce que cela signifie de diversités de points de vue, d'engagements aussi dans l'action, de formulations théoriques parfois. En Amérique latine, plus spécialement, des conflits d'interprétation vont se faire jour sur le rapport entre l'Église et le monde, l'Évangile et les transformations sociales. »[4]

Il faudra attendre l'accession du pape Wojtyla, pour que s'ouvre une période à nouveau faste du discours social de l'Église.

« Le Synode de 1974, note encore D. Maugenest, s'efforcera de resaisir ces multiples tensions qui parcourent le corps tout entier de l'Église... avec, à la suite, l'exhortation apostolique du pape Paul VI, *Evangelii nuntiandi*, du 8 décembre 1975 »[5]. Et peut-être une unité se refait-elle, en effet, avec ce document, dont le succès est grand et dont l'influence sera durable. « Mais, poursuit fort justement, je pense, notre auteur, il faudra attendre l'accession du pape Wojtyla, le 22 octobre 1978, pour que s'ouvre, sans doute sur un mode renouvelé, une période à nouveau faste du discours social de l'Église. »[6] Période de relance en tout cas.

AU CONCILE ET DANS LES ANNÉES 70

Le temps de jachère auquel il est ainsi fait allusion aura tout compte fait été plutôt court. Sept à huit années. C'est d'ailleurs à peu près l'équivalent de la période faste qui a, selon D. Maugenest, précédé. Il est plus important, je crois, de signaler que ce fut un temps de contestation tant du terme même « doctrine sociale » que du contenu de cette doctrine. Certains estimaient que le mot et la chose étaient déjà morts au temps de Vatican II. Au Concile, on n'en avait plus parlé ! *Gaudium et spes* n'employait en effet qu'une fois le mot et encore des historiens font-ils remarquer qu'il s'est agi d'une introduction presque subreptice (à travers un *modus*, un amendement) dans une dernière étape de la rédaction... Je puis témoigner de ce que l'un des principaux rédacteurs, Monseigneur Pierre Haubtmann, avec lequel j'y ai collaboré, éprouvait une réelle méfiance à l'égard du terme – et en plus d'un sens de celui-ci.

La quasi-absence de l'expression dans *Gaudium et spes* signifie que la contestation était ancienne déjà malgré des apparences contraires, et qu'elle allait bon train même à l'époque que D. Maugenest présente comme une époque d'« expansion » de la doctrine sociale, le temps de Jean XXIII et du Concile. L'idée d'une expansion s'applique assez bien, à mes yeux, au temps de Jean XXIII – comme à celui de Pie XII auparavant. Mais la contestation est, ensuite, très vite présente. Le petit livre de Marie-Dominique Chenu qui sera si largement lu et dans lequel beaucoup reconnaîtront leur sentiment, *La doctrine sociale de l'Église comme idéologie* (Seuil), est de 1979 seulement. Mais les discussions sont antérieures. Le ver était dans le fruit beaucoup plus tôt.

On dira peut-être que si le Concile n'emploie pas le mot, tout le contenu de la deuxième partie au moins de *Gaudium et spes* n'en appartient pas moins au genre « doctrine sociale »... Un homme comme Pierre Haubtmann ne se fût cependant pas satisfait de cette affirmation, pensant que, bien que l'on parlât des mêmes choses (dans des chapitres sur l'économie, la politique, la famille, la vie internationale), l'*attitude* de l'Église avait profondément changé : il n'y avait plus la systématique sociale chrétienne mise naguère sous le nom de doctrine sociale ; il y avait, plutôt, des suggestions, et nommément issues de l'Évangile, non pas d'un droit naturel, par lesquelles on rejoignait néanmoins la recherche de beaucoup d'autres hommes non chrétiens, et au moyen desquelles on dialoguait avec le reste de l'humanité. C'est par l'idée d'un *dialogue* autour des grandes questions de l'heure que s'ouvrait *Gaudium et spes* : « Le Concile, témoin et guide de la foi du Peuple de Dieu rassemblé par le Christ, ne saurait donner une preuve plus parlante de solidarité, de respect et d'amour à l'ensemble de la famille humaine, à laquelle ce peuple appartient, qu'en *dialoguant* avec elle sur ces différents problèmes, en les éclairant à la lumière de l'Évangile... »[7]

Il faut sûrement donner acte de cette opinion au témoin privilégié que fut Pierre Haubtmann. Et sans doute est-il objectivement tout à fait fondé de dire qu'avec *Gaudium et spes* le style, le mode de la parole sociale de l'Église a changé, et définitivement en somme, si l'on considère les documents donnés par Paul VI (particulièrement *Octogesima adveniens*), et de même par Jean-Paul II, malgré le retour en force du terme « doctrine sociale »... Il y a certes ici, dès maintenant, un paradoxe à remarquer parce qu'au temps d'un Jean XXIII par exemple, on eût dit le dialogue possible plutôt par le moyen de cette plateforme commune, le droit naturel justement. Je reviendrai sur cette question dans mon dernier chapitre.

DANS LES ANNÉES 60 DÉJÀ

Mais observons les années 60 mêmes, précédant le Concile. On conteste déjà, fort significativement, la doctrine sociale de l'Église, pour toute une série de raisons qu'il vaut la peine de rappeler. On se demande quel est le sens de cette adjonction – souvent de « droit naturel » – à l'Évangile, à la Révélation, seul bien propre de l'Église, dit-on. Les contestations protestantes, pas toujours amicales, encourageaient à cette critique, obligeaient les catholiques à s'interroger.

On craint, à la même époque, presque en sens inverse, que la doctrine sociale ne traduise l'idée de « société chrétienne », à laquelle plusieurs avaient renoncé – l'Action Catholique par exemple – pour plonger dans la société tout court. Il faut ici rappeler, d'Emmanuel Mounier, le livre *Feu la chrétienté*. On veut plutôt être un ferment, de l'intérieur. On ne songe pas à apporter, de l'extérieur, un schéma d'organisation qui serait chrétien – ou seul chrétien. Mon ami Jérôme Régnier, ancien directeur d'une école de formation à la pastorale en monde du travail à Lille, s'enflamme volontiers aujourd'hui encore pour rappeler le grand tournant qu'a été, selon lui, pour l'Action catholique, l'abandon de l'idée de société chrétienne, d'institutions chrétiennes... et du coup aussi, à ses yeux, de doctrine sociale de l'Église. C'était à peu près la pensée de Pierre Haubtmann également, qui d'ailleurs était aumônier d'Action Catholique Ouvrière au moment de la rédaction de *Gaudium et spes*.

Un troisième reproche est fait dans les années 60 à la doctrine sociale catholique : son caractère conservateur, son esprit de compromis, en un temps où l'idéologie révolutionnaire prend de plus en plus le dessus – on va vers 1968, Althusser a écrit son *Pour Marx* en 1965. À vrai dire, Emmanuel Mounier s'était déjà méfié de la doctrine sociale de l'Église pour cette raison aussi, en même temps qu'elle lui rappelait les institutions chrétiennes, la chrétienté. Il a écrit, je l'ai dit, *Feu la chrétienté*. Un « Feu la doctrine sociale catholique » fût bien allé de pair avec cet ouvrage.

Dans les années 60, on reproche à la doctrine sociale son caractère conservateur.

PAUL VI ET *OCTOGESIMA ADVENIENS*

On peut, par rapport à cela, admettre qu'il y avait eu une reprise – voire une « expansion » – de la « doctrine sociale » avec Jean XXIII et *Mater et magistra* (1961) puis *Pacem in terris* (1963). *Pacem in terris* en particulier, sur un terrain neuf, celui des droits de l'homme, bien différent des questions de la propriété du travail et du capital, etc..., sur lesquelles on avait débattu naguère, avait fortement retenu l'attention. Mais la crise avait repris, assez rapidement, avec le Concile d'abord, puis dans les années suivantes.

Tout le monde remarqua qu'en 1971 Paul VI s'abstint de célébrer le quatre-vingtième anniversaire de *Rerum novarum* par une nouvelle encyclique sociale, il le fit par une simple « lettre » au Cardinal Roy, président du Conseil des laïcs issu du Concile, en même temps qu'archevêque de Québec.

Tout le monde observa, plus encore, le propos de Paul VI, dans cette lettre, dite *Octogesima adveniens*, annonçant une assez nouvelle doctrine sociale, plus relative, plus « régionale » : « Face à des situations aussi variées, disait-il, il nous est difficile de prononcer une parole unique, comme de proposer une solution qui ait valeur universelle. Telle n'est pas notre ambition, ni même notre mission. Il revient aux communautés chrétiennes d'analyser avec objectivité la situation propre de leur pays, de l'éclairer par la lumière des paroles inaltérables de l'Évangile, de puiser des principes de réflexion, des normes de jugement et des directives d'action dans l'enseignement social de l'Église tel qu'il s'est élaboré au cours de l'histoire et notamment en cette ère industrielle, depuis la date historique du message de Léon XIII sur "la condition des ouvriers", dont nous avons l'honneur et la joie de célébrer aujourd'hui l'anniversaire. À ces communautés chrétiennes de discerner, avec l'aide de l'Esprit Saint, en communion avec les évêques responsables, en dialogue avec les autres frères chrétiens et tous les hommes de bonne volonté, les options et les engagements qu'il convient de prendre pour opérer les transformations sociales, politiques et économiques qui s'avèrent nécessaires avec urgence en bien des cas. »[8]

SUR CE FOND, JEAN-PAUL II

C'est sur le fond de cette histoire, déjà longue donc en vérité, de contestation ou de critique et d'hésitation, pas seulement sur le fond de la plus brève jachère de

1971-1978 (effet d'un cycle court au sein d'un plus long, dirait un économiste), que le Cardinal Wojtyla, intéressé depuis toujours par ces questions, il l'avait prouvé comme enseignant à l'Université Catholique de Lublin, fut élu pape, devenant Jean-Paul II. Par rapport au passé dont je viens de parler, il réagit, peut-on dire, et consciemment de toute évidence, dès le début de son pontificat. Il se remit à parler de la doctrine sociale de l'Église . À user même de cette expression – démodée ! – sans hésitation... Et il n'a pas cessé depuis.

Pourquoi ? Certainement, disons-le déjà, parce qu'il a, en général, senti un danger dans l'abandon, fût-ce relatif abandon (pensons au Concile), d'une doctrine sociale, pour l'Église. De plus, ce danger lui est apparu particulièrement menaçant, au début de son pontificat, en Amérique latine, où l'abandon de la doctrine sociale semblait corrélatif d'une radicalisation, voire de l'adoption de certaines idées marxistes. Une partie du courant des théologies de la libération renvoyait par là à une doctrine sociale non-chrétienne, voire anti-chrétienne, ainsi qu'aux « sciences de l'homme », comme aux seuls référents possibles, au-delà de l'Évangile, pour la nécessaire réorganisation sociale. D'autres insistaient sur un contenu directement politique du christianisme, la doctrine sociale de l'Église leur apparaissait, elle, comme en dérivant trop indirectement seulement... La « doctrine sociale » enfin apparaissait à bien des théologiens latino-américains comme de contenu très conservateur – ainsi qu'à nombre d'Européens, je l'ai dit tout à l'heure, à la même époque. Le courant général de critique et contestation des années 60-70 dont j'ai parlé était donc rejoint par cette forme plus radicale de critique dans les théologies de la libération latino-américaines.

Jean-Paul II reprend les mots « doctrine sociale » dès sa première rencontre avec les problèmes de l'Amérique latine.

Jean-Paul II reprend, quant à lui, les mots « doctrine sociale » dès sa première rencontre avec les problèmes de l'Amérique latine et les théologies de la libération, à l'Assemblée de Puebla, en janvier 1979. Il se refuse, d'abord, à accepter la place que plusieurs faisaient à des éléments du marxisme, craignant, sur cette base, une réduction de l'eschatologie chrétienne à un simple avenir temporel et politique. Il ne pouvait, d'autre part, accepter l'absence par principe d'une traduction articulée du message chrétien pour les affaires sociales. Faute de cela on risquait, à ses yeux, d'être voué à un grand immédiatisme et radicalisme, ou à chercher ailleurs une pensée sociale de base : dans les sciences humaines, dans le marxisme, à nouveau, etc., fût-ce au nom de l'inspiration évangélique. Ce qui signifiait d'ailleurs une variété de préoccupations diverses, parfois presque contradictoires, qu'il nous faudra tenter de démêler.

À PUEBLA

Voici en tout cas quelques-uns des propos de Jean-Paul II à la fin du discours qu'il prononça à l'ouverture de l'Assemblée de Puebla : « Faire confiance de manière responsable à la doctrine sociale, même si certains cherchent à semer le doute et la défiance à son égard, l'étudier sérieusement, chercher à l'appliquer, l'enseigner, lui être fidèle, c'est, pour un fils de l'Église, une garantie de l'authenticité de ses engagements dans les devoirs sociaux difficiles et exigeants, et de ses efforts en faveur de la libération ou de la promotion de ses frères. »

« Permettez donc, disait-il ensuite aux évêques, que je recommande à votre toute spéciale attention pastorale l'urgence qu'il y a à sensibiliser vos fidèles à cette doctrine sociale de l'Église. » La situation grave de l'Amérique latine ne doit pas en détourner, ajoutait-il ; au contraire : « Lorsque les injustices augmentent, affirmait-il, et que la distance entre les pauvres et les riches s'accroît douloureusement, la doctrine sociale, d'une manière créative et ouverte aux vastes domaines de la présence de l'Église, doit être un instrument précieux de formation et d'action ».

PENDANT TOUT LE PONTIFICAT

Et, ayant adopté cette position dès 1979, Jean-Paul II n'a jamais cessé de la tenir depuis, quels que soient certains problèmes qui, nous le verrons, peuvent résulter de définitions qu'il a lui-même données ensuite de la « doctrine sociale »... Il a surtout pris à cœur de publier une série d'encycliques sociales proprement dites : *Laborem exercens* (L'homme travailleur) en 1981, *Sollicitudo rei socialis* (Le développement) en 1988, *Centesimus annus* (Pour l'anniversaire de *Rerum novarum*) en 1991. Sans parler de plus d'une autre où émerge le même genre de problèmes : *Redemptor hominis*, son encyclique inaugurale, en 1979, où il est beaucoup question des droits de l'homme ; *Dives in misericordia*, en 1980, où il est question du rapport entre justice et charité ; *Splendor veritatis* en 1993 ainsi que *Evangelium vitae* en 1995, où il est question de la démocratie et du relativisme. On ne compte pas, d'autre part, les discours ordinaires sur les mêmes matières. Quelques documents des dicastères romains sont, enfin, à relever aussi : *De quelques aspects des théologies de la libération* et *Liberté chrétienne et libération*, de la Congrégation pour la doctrine de la foi, en 1984 et 1986 ; *Sur la dette des pays en voie de développement*, du Conseil Pontifical Justice et Paix, en 1987 ; *Sur la terre*, du même Conseil pontifical, en 1998[9]

Ce très grand effort ne peut pas ne pas en imposer, et la contribution de Jean-Paul II est ainsi de fort grande importance. C'est le premier point à relever. Il va nous falloir, pourtant, dès un second chapitre, tenter une première évaluation du succès de cette relance, ou plutôt de l'efficience de l'enseignement de la doctrine sociale de l'Église aujourd'hui : constater en fait son caractère relatif.

Nous entrerons, selon l'intention de notre ouvrage, dans les divers problèmes plus particuliers dont la doctrine sociale devrait aujourd'hui se saisir, devrait même vite se saisir, semble-t-il, en fonction de l'évolution du monde : des questions exigeant clarification. et engagement, questions insuffisamment traitées aujourd'hui, les « silences » dont parle mon titre.

Notes

1. Éditions Bayard/Le Centurion. La première édition est de 1985, la plus récente, mise à jour après *Centesimus annus* de Jean-Paul II, est de 1994.

2. *Op. cit.*, p. 597. Cela fait en réalité une avalanche de titres et de textes un peu éberluante. Défilent dans un laps de temps très court comme le souligne D. Maugenest, deux encycliques sociales de Jean XXIII, *Mater et magistra* et *Pacem in terris*, deux documents majeurs du Concile Vatican II, surtout la Constitution pastorale sur l'Église dans le monde de ce temps, intitulée *Gaudium et spes*, contenant une synthèse de la doctrine sociale de l'Église, trois documents enfin du temps de Paul VI.

3. *Ibid.*

4. *Ibid.*

5. *Ibid.*

6. *Ibid.*

7. *Gaudium et spes*, 3.

8. *Octogesima adveniens*, 4.

9. Voir, donnant plus de détail sur les documents du pontificat de Jean-Paul II, l'annexe 1 « Les interventions majeures de Jean-Paul II », page 137 à la fin du présent volume.

Chapitre 2

VINGT ANS APRÈS

Le corpus de doctrine sociale de Jean-Paul II est vaste, nous venons de le voir (de l'entrevoir en tout cas[1]), il est riche, d'autre part, par les thèmes abordés et la nouveauté de plusieurs conclusions, on s'en apercevra tout au long de notre ouvrage. On doit pourtant se demander, comme je viens de l'évoquer, ce qu'il en est de l'efficacité de la diffusion de la doctrine sociale de l'Église aujourd'hui, et de sa présence effective.

UNE EXPRESSION ENTIÈREMENT ADMISE

De bouche à oreille, si je puis dire, on sait aujourd'hui dans l'Église, et un peu en dehors d'elle, qu'*il y a* une doctrine sociale de l'Église. Le terme est redevenu usuel, il n'est plus guère objet de contestation. Parmi les encycliques, *Centesimus annus* est présentement dans beaucoup de mémoires, en vertu spécialement de sa coïncidence avec l'effondrement de l'Union soviétique : 1991 est la date, fameuse, de sa publication. Le titre à la sonorité éclatante *Splendor veritatis,* est aussi connu actuellement de plusieurs.

L'expression « doctrine sociale de l'Église » s'est même trouvée accueillie récemment avec sympathie par des tenants de la théologie de la libération, Antoncich et Munnariz, publiant en 1989 un livre *Théologie de la libération et doctrine sociale de l'Église*, traduit en français aux Éditions du Cerf en 1992. Et ce n'est pas le seul exemple de ce genre.

En France, d'autre part, dès 1984, on pouvait voir un théologien de l'ouverture d'esprit du père Claude Geffré parler de l'évolution de la doctrine sociale ou de l'enseignement social qui « ne peut plus, disait-il, être considéré comme un corrollaire secondaire de la théologie dogmatique » – « il rejoint (cet enseignement) les thèmes majeurs d'une théologie chrétienne qui ont déjà par eux-mêmes une portée sociale et politique ». Le père Geffré ajoutait : « Cet élargissement de la question de la doctrine sociale par rapport aux thèmes fondamentaux de la théologie dans le contexte historique qui est le nôtre me semble plus fécond que le débat polémique sur le mot même de “doctrine sociale” et sur son contenu. »[2]

C'est assez déjà pour qu'on parle d'une efficacité de l'entreprise de relance menée par Jean-Paul II. Les termes en tout cas auraient risqué sans lui de tomber dans une sorte d'oubli, bien que sans doute pas la chose. Même les termes ont en fait revécu, et ils demeurent bien présents à la vie de l'Église.

Divers propos, d'autre part, contenus dans les encycliques et discours de Jean-Paul II ont eu un fort impact, voire une importance historique de premier rang : la défense des droits de l'homme et particulièrement de la liberté religieuse selon *Redemptor hominis* face au communisme ; de même, la promotion de la « solidarité » selon l'encyclique *Laborem exercens* (sur le travail) en 1981 puis selon *Sollicitudo rei socialis* (sur le développement) en 1988. Nul n'ignore l'importance qu'a eue ce mot dans l'évolution des choses en Pologne, même dans l'ensemble du monde communiste.

UNE DOCTRINE FAIBLEMENT DIFFUSÉE CEPENDANT

Il s'en faut, cependant, qu'on puisse parler de grand succès pour la doctrine proprement dite dans son articulation et son développement, ou pour les présentations d'ensemble qui en ont été faites par les responsables de l'Église, le pape comme les évêques. Et c'est là l'un des aspects critiques de la situation présente qui dictent notre propre effort dans ce livre. On n'a pas pu, il s'en faut, dépasser toutes les difficultés observées dans la période antérieure.

Que remarquer ainsi particulièrement ?

A contrario, d'abord, il vaut, je pense, la peine de se souvenir de l'impact qu'avait eu autrefois l'encyclique *Rerum novarum* de Léon XIII publiée en 1891. Elle avait bien été contestée par quelques-uns – tenant que l'Église n'avait rien à dire en matière sociale et économique, voire politique. Elle avait été reçue en revanche de très bon cœur en de nombreux milieux, elle était peu à peu devenue un bréviaire doctrinal pour tous ceux qui s'étaient retrouvés adhérents du « catholicisme social », chez nombre de patrons, chez bien des prêtres et séminaristes, chez les intellectuels, chez les syndicalistes chrétiens plus encore, auxquels elle était enseignée de manière tout à fait systématique. Tous en connaissaient les grandes lignes, concernant globalement la « condition ouvrière », puis, plus particulièrement, l'exigence de juste salaire, tout spécialement d'un salaire permettant de faire vivre une famille (« salaire familial »), le droit et le devoir de l'État d'intervenir en matière économique, surtout pour la défense des plus pauvres (qui ne pouvaient, eux, « se faire un rempart de leur richesse »), le droit d'association enfin, spécialement des travailleurs, même seuls entre eux. Certains savaient le texte même de l'encyclique par cœur. Et cet impact fut durable, persistant, car *Rerum novarum* fut la seule encyclique sociale sur le terrain, si je puis dire, pendant quarante années. Elle demeurait influente et pertinente dans les années trente, tandis que se développait la JOC, où on l'enseignait formellement. Eugène Descamps, jociste alors, qui devint dans les années soixante secrétaire général de la CFTC puis de la CFDT, en avait gardé la mémoire, ainsi qu'il me l'a confié bien des années plus tard.

Puis, la doctrine sociale de l'Église occupa encore une fort grande place dans la JEC, dans la JAC, dans l'ACJF (Association Catholique de la Jeunesse Française) aussi longtemps que celle-ci dura (c'est-à-dire jusqu'en 1956). Formidable influence, peut-on dire.

Le dicton est connu à propos du pape : on aime bien le chanteur, on n'aime guère la chanson.

Or, nous sommes aujourd'hui, même avec Jean-Paul II, loin, très loin de cette situation. Le dicton est connu à propos du pape : on aime bien le chanteur, on n'aime guère la chanson. Cela est certes dit plus souvent en rapport avec ses déclarations en matière de morale sexuelle qu'en rapport avec ses propos sur d'autres aspects de la morale sociale. Mais, quant à ces derniers, la situation n'est pas vraiment meilleure. La plupart n'en prennent simplement pas connaissance. Le grand nombre des fidèles catholiques n'en sont saisis que par quelques articles de journaux, en bien des cas par les seuls mots retenus dans leurs titres, ou par un flash de radio ou de télévision.

Le lecteur de la presse catholique en sait plus. Mais les responsables des paroisses ne relèvent, eux, que fort rarement devant leurs fidèles le fait d'un nouveau document, le commentent moins encore. L'homélie n'est pas faite pour cela, selon les règles liturgiques d'après le Concile, et il n'y a le plus souvent aucune autre parole adressée aux fidèles par le responsable de la paroisse que cette homélie. La catéchèse ne fait guère état, elle non plus, de la doctrine sociale – bien que de bons résumés aient été intégrés dans le *Catéchisme de l'Église universelle.* On sait que celui-ci a été largement diffusé mais est bien moins lu que possédé, étant au fond (en dépit du mot « catéchisme ») de lecture difficile pour un grand nombre[3].

Dans quelques mouvements ou groupements il y a davantage. Non pas dans tous, car certains, extrêmement sensibilisés aujourd'hui à l'importance de la prière dans la vie chrétienne, ne reconnaissent pas la même importance à l'engagement dans la vie sociale, ou pensent qu'il va de soi, ne requérant pas d'enseignement particulier.

LE TEMPS DU SYSTÈME UNIQUE, DE LA « PENSÉE UNIQUE »

La situation s'est aggravée récemment du fait d'une espèce de conviction ou résignation qui s'est répandue dans les années quatre-vingt-dix, conviction molle mais non moins réelle : il n'y aurait plus qu'une forme de l'existence économique, dans laquelle nous sommes tous plongés, ou bien il y a une forme de l'économie qui, malgré ses défauts, s'est révélée définitivement comme la moins mauvaise..., de même que, disent certains, les régimes politiques sont tous très imparfaits, même mauvais, la démocratie est toutefois le moins mauvais d'entre eux. Du coup, le système économique est ce qu'il est, et n'a pas à être soumis à une morale, quelle qu'elle soit. Il peut y avoir une morale des comportements individuels, rien de plus. Cette sensibilité provoque une allergie à toute doctrine sociale de l'Église, critique des systèmes en même temps que des comportements.

Ajoutons que les commentaires sont rares en comparaison de ce qu'on rencontrait au temps des papes Pie XII, Jean XXIII, Paul VI ou au temps du Concile. Nombreux furent par exemple les commentaires détaillés de *Mater et magistra*, de *Pacem in terris*, de *Gaudium et spes*. Les textes de Jean-Paul II ont été publiés, eux, avec de simples introductions et avec des annotations brèves. Les ouvrages synthétiques ne se multiplient pas. En ayant pour ma part publié deux, soit au temps de Pie XII et Jean XXIII, *Église et société économique*[4], soit dans la première moitié du pontificat de Jean-Paul II, *L'homme, l'Église, la Société*[5], je suis frappé du fait qu'il n'y a pratiquement plus eu de publication de semblable ampleur en France dans les dix dernières années. Il y a quelques essais plus rapides.

Il n'y a pas eu d'ouvrage de grande ampleur à l'étranger non plus ; à l'exception d'un Irlandais, John Dorr, et d'un Espagnol, Ildefonso Camacho – j'ai précédemment parlé aussi du livre de Munnariz et Antoncich en Amérique latine. Interrogeant, d'autre part, sur la diffusion des divers volumes récemment publiés par la Commission sociale des évêques français, j'ai été été frappé de la faiblesse des ventes, plus élevées seulement dans le cas de *Face au chômage, changer le travail* (1993) qui a atteint le chiffre de 14 000 exemplaires.

D'AUTRES CAUSES DE LA SITUATION

C'est dans des milieux spécialisés, milieux de grande responsabilité souvent, qu'on rencontre aujourd'hui le plus d'intérêt pour la doctrine sociale de l'Église et les documents qui l'expriment. Chaque fois qu'un de ces documents paraît, il est aisé, par exemple, d'organiser, à son sujet, des sessions-débats à l'ombre d'organisations comme l'Unesco, la Banque mondiale, le Fonds monétaire international, le Secrétariat des Nations Unies, l'OCDE (Organisation de Coopération et de Développement Économique). Les organisations patronales catholiques et les mouvements de cadres sont également attentifs en général. Un syndicat comme la CFTC l'est, les autres guère, bien qu'on relève tout récemment quelque regain d'intérêt.

Cette sélectivité tend à indiquer que les présentations sont généralement trop techniques pour le grand nombre, les explications sont insuffisantes, et les documents officiels sont insuffisamment relayés par des présentations simplifiées qui seraient nécessaires pour la plus grande partie du public. Il faut assurément se demander pourquoi les relais ne sont pas assurés par les épiscopats nationaux[6] ou par les auteurs, par les éditeurs. Il s'agit, je pense, toujours de la même indifférence que j'ai déjà évoquée, une impression que le message chrétien, même le message de *vie* chrétienne ne s'étend pas vraiment tellement à tout ce domaine.

DES DOCUMENTS DE LECTURE DIFFICILE

De plus, cependant, dans l'époque récente, les documents, particulièrement romains, ont été beaucoup trop longs, au demeurant mal écrits et, plus encore, mal traduits. Fréquemment, ils sont répétitifs. Et abstraits, à force de ne pas vouloir désigner trop directement les réalités.

Dans l'époque récente, les documents romains, ont été beaucoup trop longs, au demeurant mal écrits et, plus encore, mal traduits.

Arrêtons-nous un instant à cet aspect, les traductions lourdes ou inexactes. Il n'est pas de la fonction de l'Église, est-il dit – pour prendre un exemple quelconque – dans *Laborem exercens*, d'entreprendre une analyse scientifique des conséquences des changements du travail sur la vie des hommes. « Mais, poursuit le texte officiel français, l'Église estime de son devoir de rappeler toujours la dignité et les droits des travailleurs, de *stigmatiser* les conditions dans lesquelles ils sont violés, et de contribuer pour sa part à orienter ces changements vers un authentique progrès de l'homme et de la société. » Sans parler de la lourdeur de toute la phrase, l'emploi du terme « stigmatiser » ne facilite, je pense, guère la compréhension du lecteur français... Un tout petit peu plus loin, il est écrit à propos de l'élan de solidarité entre les travailleurs face à la « question ouvrière » du XIXe siècle : « L'appel à la solidarité et à l'action commune, lancé aux hommes du travail, avait sa valeur, une valeur importante, et sa force persuasive, du point de vue de l'éthique sociale, surtout lorsqu'il s'agissait du travail sectoriel, monotone, dépersonnalisant dans les complexes industriels, quand la machine avait tendance à dominer sur l'homme. » On peut comprendre, certes, mais combien on eût plus facilement compris avec une phrase plus légère ![7].

Voici un autre exemple, celui d'une reprise qu'il est difficile de ne pas considérer comme une répétition, mais, comme la nuance n'est pas la même dans la première phrase et dans la seconde – et qu'il s'agit d'une question importante –, on demeure en fait dans une notable incertitude. Dans le numéro 35[8]de *Centesimus annus*, faisant suite à un certain nombre de notations critiques sur le fonctionnement des économies modernes, on rencontre cette phrase, ressemblant à une conclusion : « On ne peut accepter l'affirmation selon laquelle la défaite du “socialisme réel” comme on l'appelle, fait place au seul modèle capitaliste d'organisation économique ». Et il est fait allusion, aussitôt, à toute une série de mesures interventionnistes, nécessaires selon Jean-Paul II, qui s'harmonisent clairement mal avec le modèle capitaliste (sous-entendu libéral) courant.

Mais voici qu'au numéro 42, on reprend la question, presque à frais nouveaux, peut-on dire. Le capitalisme est-il la voie ? Pour les pays qui se reconstruisent par exemple, et pour les pays du tiers monde ? Et on dit, cette fois, *plutôt* oui. Oui, c'est la voie, mais à la condition d'un encadrement juridique ferme (nous aurons l'occasion de reparler de la signification de celui-ci). De toute manière on n'évoque ici rien d'autre qui puisse être aussi une voie[9].

Je ne doute pas qu'on puisse en définitive harmoniser ce qui est dit au numéro 35 et ce qui est dit au numéro 42. L'espèce de retour en arrière que constitue le n° 42 complique néanmoins la compréhension. Selon la phrase du numéro 35, on conclurait en effet *plutôt* qu'il y a clairement place pour d'autres modèles d'organisation économique que le capitalisme.

Il est d'ailleurs précisé encore, à un autre endroit, que ce qu'il convient d'opposer au système « de primauté absolue du capital, de la propriété des instruments de production et de la terre sur la liberté et la dignité du travail de l'homme », c'est : « une société du travail libre, de l'entreprise et de la participation ». Mais, que doit y devenir au juste la propriété ? Bien des lecteurs n'ont pas manqué d'avoir du mal à voir où va finalement la conclusion[10].

UNE DOCTRINE VAGUE

La plainte le plus fréquemment entendue est que la doctrine sociale de l'Église demeure vague, est peu concrète. Une autre manière d'exprimer cette plainte consiste à dire qu'elle est éloquente quant aux principes mais presque muette quant aux traductions concrètes, aux problèmes effectifs.

Le reproche est injuste en de nombreux cas, et on n'a probablement pas assez observé la netteté de certaines formules. Ou bien... on attend trop de la doctrine sociale de l'Église, qui ne saurait prendre la place des conclusions très pratiques du discernement personnel dans les situations concrètes. Nous verrons, dans notre dernier chapitre, ce qu'il en est au juste de sa nature, de sa structure. On peut en tout cas admettre au moins, nous le verrons dans un de nos prochains chapitres, qu'elle n'a guère exploré récemment la question des opérations financières, ou de l'économie « financiarisée », dont tout le monde pourtant parle. Elle n'est pas très précise non plus quant au partage du travail pour lutter contre le chômage de longue durée.

Et elle a dit bien des choses autrefois sur la propriété, mais aborde-t-elle au fond le problème de la propriété qui se rencontre dans le capitalisme ? Ne se contente-t-elle pas d'évoquer telle ou telle forme particulière de celui-ci, « primitive », « sauvage », ou déformée par l'« économisme » ?

LES QUESTIONS POUR L'AVENIR

Je viens d'énoncer, par ces mots, quelques-unes des questions sur lesquelles on attend aujourd'hui la doctrine sociale de l'Église, dans le domaine économique, en vue de l'avenir. Et c'est dans cette direction que notre ouvrage va continuer... Mais il est des problèmes à éclairer semblablement dans le domaine politique : au sujet de la démocratie, au sujet des droits de l'homme. D'eux aussi il sera donc question comme de points qui n'ont pas reçu dans la période récente un traitement suffisant.

Une autre question est ouverte, d'autre part, je l'ai déjà annoncé aussi : la doctrine sociale de l'Église est-elle à tirer de la seule révélation chrétienne ? Si oui, elle a plus de force du point de vue de l'Évangile. Mais peut-elle rejoindre alors assez les problèmes concrets d'aujourd'hui ? Et dialogue-t-elle ? Même se nourrissant, d'ailleurs, du « droit naturel », des points de vue de la philosophie et des sciences humaines, elle peut demeurer une déduction solitaire. Ne doit-elle pas, au contraire, entretenir systématiquement, *a priori* en somme, plus de dialogue avec d'autres doctrines, d'autres tendances de pensée ? Mais que devient-elle si elle le fait ? Est-elle encore une doctrine ou un enseignement propre ?

Jean-Paul II a dit que la « doctrine sociale » est « théologie morale ». Sous couleur de la grandir, n'est-ce pas l'affaiblir ?

Jean-Paul II a dit, formule nouvelle, qu'elle est « théologie morale ». Cependant, sous couleur de la grandir, n'est-ce pas l'affaiblir ? Ce sont là autant de questions, présentement dans les esprits, exigeant clarification, au-delà du grand effort qui a été indiscutablement accompli au long du pontificat de Jean-Paul II.

Mes remarques, au sujet des résultats obtenus, ne veulent aucunement avoir un caractère négatif : il faut pourtant se mettre franchement en présence du fait de la médiocre diffusion et assimilation de la doctrine sociale parmi les fidèles chrétiens eux-mêmes, sans parler d'un écho tout compte fait rare dans le grand public, comme je l'ai souligné, alors qu'il s'agit d'une partie importante de l'enseignement des autorités suprêmes de l'Église.

UNE PISTE MÉTHODOLOGIQUE

Il y a sûrement, en sens inverse, pour déjà répondre un peu sur *ce* point, quelque leçon à tirer de l'exemple de la rédaction de quelques grands documents de l'épiscopat des États-Unis, *Le défi de la paix* en 1983 et *Justice économique pour tous* en 1986. Là, au moyen d'une large dissémination des ébauches ou premières versions, et d'une invitation à réagir et à contribuer à la rédaction, il fut possible de faire participer un très grand nombre de personnes. Le document « Pour de nouveaux modes de vie » du Conseil permanent de l'épiscopat français du 22 septembre 1982 est un autre bon exemple de ce qui peut entraîner un haut degré d'assimilation grâce à la discussion. Quand par exemple les évêques invitaient à s'interroger sur des points comme ceux-ci : « Alors que certains ménages bénéficient du cumul de salaires plus que suffisants, le renoncement total ou partiel à l'un d'eux, celui de l'homme ou celui de la femme, faciliterait le partage du travail » ; « Le cumul d'un emploi et d'une retraite suffisante peut poser question. Dans certains cas, renoncer au premier développerait la possibilité d'exercer une autre activité, par exemple dans la vie associative » ; « Certains foyers, lorsque les enfants sont élevés et les besoins en voie de diminution, pourraient envisager la retraite anticipée » ; et : « Il semble qu'on n'ait pas encore suffisamment exporé la possibilité d'emplois à temps partiel, au moins à certaines étapes de la vie d'une famille »... Oui ? Non ? était-on porté à ajouter chaque fois. Il est vrai que ces préoccupations apparurent à plusieurs malthusiennes. Le document fut ainsi complété plus tard par « Créer et partager » (de 1988)[11]. Il y eut à nouveau une large consultation, dont témoigne un ouvrage publié sous le titre *Sur l'économie, la parole au peuple de Dieu*[12]. Je reviendrai, dans mon dernier chapitre, sur dialogue nécessaire pour l'épanouissement de la doctrine sociale.

Rien d'étonnant, enfin, à ce qu'on rencontre les limitations que j'ai relevées ci-dessus. Mais il est important d'en prendre conscience, et de travailler à améliorer la situation.

Notes

1. Voir pour plus détail l'annexe 1.

2. Cl. Geffré « De la doctrine sociale de l'Église à la théologie politique », dans *Revue de l'Institut Catholique de Paris*, oct.-déc. 1984 (Colloque « Diversité et cohérence des discours de l'Église en matière sociale »). « Autant le mot "doctrine sociale" est piégé, ajoutait Cl. Geffré, si on entend par là une doctrine homogène ou bien un programme socio-politique qui pourrait rivaliser avec d'autres idéologies comme le capitalisme libéral ou le marxisme, et le Père Chenu aurait alors raison d'y dénoncer une survivance anachronique de la chrétienté ; autant, l'expression est sans doute légitime pour désigner un certain nombre de principes éthiques auxquels se réfère le Magistère quand il intervient en matière sociale » (p. 77).

3. Il était d'ailleurs fait essentiellement pour servir de base à des rédactions locales plus appropriées.

4. Avec Jacques Perrin. 2 volumes, coll. « Théologie », 1959 et 1963 Aubier.

5. 1989, Desclée de Brouwer.

6. Divers épiscopats nationaux, ou bien les commissions sociales au sein des Conférences épscopales, publient des documents de présentation ou d'application de la doctrine sociale de l'Église, mais souvent, eux aussi, de même style, de même ampleur, que les documents en provenance du centre romain de l'Église. Soit la Déclaration commune du Conseil de l'Église évangélique d'Allemagne et de la Conférence épiscopale allemande sur la situation économique et sociale en Allemagne, intitulée « Pour un avenir de solidarité et de justice », œcuménique, au début de 1997, 106 pages d'une bonne densité. Soit aussi la Déclaration de la conférence épiscopale d'Angleterre et du Pays de Galles, au début de 1997 également, document de qualité remarquable, long toutefois de 32 longues colonnes de la *Documentation catholique*. On a au contraire l'exemple d'un document court, assimilable, effectivement peu à peu diffusé, avec « L'écart social n'est pas une fatalité », de la Commission sociale de l'épiscopat français, à la fin de 1996. J'ai parfois fait remarquer, d'autre part, que le pape donne sans doute 10 à 15 % de son temps à écouter, lire, écrire sur des questions d'ordre social, qu'un évêque « ordinaire », je veux dire s'il n'est pas membre de telle ou telle commission spécialisée, en donne de 1 à 1,5 %, qu'un chef de paroisse en donne... moins encore. Il se fait une grave déperdition de l'effort central.

7. Mes lecteurs se rendront compte de cette lourdeur dans bien des citations au cours du présent livre (encore que je les aie quelquefois un peu retouchées pour atténuer cet effet).

8. Dans les documents officiels de l'Église, les paragraphes sont le plus souvent numérotés. L'indication des numéros des paragraphes est ainsi le moyen le plus commode pour retrouver les citations.

9. Jean-Paul II l'avait fait au contraire dans *Laborem exercens*, y parlant d'une socialisation qui respecterait suffisamment la « subjectivité » de la société (j'en reparlerai dans un chapitre ultérieur).

10. Il est vrai que même au numéro 42, on voit Jean-Paul préférer, au terme « capitalisme » ceux d'« économie d'entreprise », d'« économie de marché », d'« économie libre ». « Économie de marché » sans d'ailleurs oublier ce qui a été dit auparavant : « L'Église ne s'oppose pas au marché mais demande qu'il soit dûment contrôlé par les forces sociales et par l'État, de manière à garantir la satisfaction des beoins fondamentaux de toute la société » (n° 35).

11. À signaler un important recueil des textes principaux de l'Épiscopat français en matière sociale, *Le discours social de l'Église catholique de France 1891-1992*, textes rassemblés et présentés par Denis Maugenest, Cerf, 1995, 750 p.

12. Coll. Documents d'Église, Le Centurion, 1987, 218 p.

Chapitre 3

URGENCE DE PROPOSITIONS POUR L'EMPLOI

Jean-Paul II a, de manière neuve et vigoureuse, proclamé ce qui ne l'avait jamais été nettement jusque là : la primauté du travail, sa priorité sur le capital. Il a crié aussi son indignation devant le chômage massif de notre temps. Cependant, il ne s'est guère engagé dans la question des remèdes à cette situation catastrophique. C'est là en conséquence, peut-on dire, qu'est d'abord attendue aujourd'hui, le plus tôt possible en vérité, la doctrine sociale de l'Église. Je voudrais tenter d'indiquer dans quelles directions.

PRIMAUTÉ DU TRAVAIL DANS L'ÉCONOMIE

Reprenons d'abord le premier point, de la plus haute importance en fait. On ne se souvient sans doute plus aujourd'hui de déclarations antérieures, de Pie XI par exemple, sur le besoin mutuel qu'ont l'un de l'autre le capital et le travail. Pas de capital sans le travail mais surtout pas de travail sans le capital. Ces déclarations fermaient la bouche à un certain nombre de revendications extrêmes de travailleurs : « Tout le produit au travail » par exemple. Mais elles muselaient aussi nombre de plus raisonnables demandes, quant à la participation dans les entreprises.

On se souvient peut-être davantage, plus près de nous, de l'extrême insistance de Pie XII sur la nécessité, même en promouvant la participation de tous dans l'entreprise, voire le caractère communautaire de celle-ci, qu'on n'enfreigne en rien l'autorité des dirigeants et le droit propre des propriétaires.

Or, Jean-Paul II a complété, et modifié profondément, faut-il dire, ces points de vue par l'affirmation de la priorité du travail qui est au cœur de *Laborem exercens*, son encyclique sur le travail, l'une de celles dont il a eu le plus l'initiative lui-même et qu'il a très spécialement voulue en fonction de son histoire ouvrière personnelle et de la situation des ouvriers polonais[1]. Il l'a en fait, très largement, écrite de sa main. Des extraits du texte polonais manuscrit, photocopiés, furent publiés, pour le montrer, dans l'*Osservatore romano*.

« Si dans le présent document, dit-il dès le début de cette encyclique, nous revenons sur ce problème [...], ce n'est pas tellement pour recueillir et répéter ce qui est déjà contenu dans l'enseignement de l'Église mais plutôt pour mettre en évidence – peut-être plus qu'on ne l'a jamais fait – que le travail humain est une clé, et probablement *la clé essentielle*, de toute la question sociale »[2].

Très caractéristique est ensuite l'enracinement anthropologique – plutôt l'enracinement dans l'anthropologie théologique – de la considération du travail chez Jean-Paul II. « L'Église, dit-il, est convaincue que le travail constitue une dimension fondamentale de l'existence humaine »[3]. Elle en est convaincue pour mille raisons, psychologique, sociologique, philosophique... « toutefois elle tire cette même conviction avant tout de la source qu'est la parole de Dieu révélée, et c'est pourquoi ce qui est une conviction de l'intelligence acquiert aussi le caractère d'une conviction de foi »[4]. À partir de quoi, le pape s'engage dans un commentaire des « premières pages du Livre de la Genèse » qui établit précisément sa conviction que le travail « constitue une dimension fondamentale de l'existence humaine sur la terre ». La phrase centrale est celle-ci : « L'homme est à l'image de Dieu notamment par le mandat qu'il a reçu de son Créateur de dominer la terre. »[5] Il est à l'image de Dieu comme travailleur.

Pour Jean-Paul II, même à l'époque du travail toujours plus mécanisé « le sujet propre du travail reste l'homme ».

Le point que souligne ensuite Jean-Paul II et dont il va tirer ses principales conclusions, c'est que, si le travail est d'un certain côté, un processus *objectif,* où « des machines et des mécanismes toujours plus perfectionnés » jouent un rôle puissant, même à l'époque du travail toujours plus mécanisé « le *sujet* propre du travail reste l'homme »[6]. Ou encore : c'est l'homme lui-même qui est engagé dans le travail, et c'est à travers son travail que l'homme est engagé dans l'économie. L'homme ne travaille pas par un côté extérieur, purement corporel peut-être, de son être, seulement, mais par toute sa personne. « C'est en tant que personne qu'il travaille et qu'il accomplit les diverses actions appartenant au processus du travail ; ces actions, indépendamment de leur contenu objectif particulier, doivent toutes servir à la réalisation de son humanité et à l'accomplissement de la vocation qui lui est propre en raison de son humanité : celle d'être une personne. »[7]

C'est par là que le travail a un sens « éthique », pas simplement un sens technique ou économique : « "La domination" dont parle le texte biblique ne se réfère pas seulement à la dimension objective du travail, elle introduit en même temps à la compréhension de sa dimension subjective [...] qui conditionne la nature éthique du travail. [...] Le travail humain a une valeur éthique du fait que celui qui l'exécute est une personne, un sujet conscient et libre, c'est-à-dire sujet qui décide de lui-même. »[8]

Plus de différence à faire, d'autre part, entre un genre de travail et un autre, comme on en faisait dans l'Antiquité : « Les sources de la dignité du travail doivent être cherchées surtout, non dans sa dimension objective, mais dans sa dimension subjective. Avec une telle conception disparaît pratiquement le fondement de l'ancienne distinction des hommes en groupes déterminés par le genre de travail qu'ils exécutent. »[9]

PRIORITÉ TOUT SPÉCIALEMENT PAR RAPPORT AU CAPITAL

La conclusion de tout ceci est le principe de « priorité » ou primauté du travail par rapport à tout le reste dans l'économie[10]. La propriété même dérive du travail, dit le pape : « Afin de pouvoir faire fructifier ces ressources par son travail, l'homme s'approprie des parties des diverses richesses de la nature : du sous-sol, de la mer, de la terre, de l'espace. L'homme s'approprie tout cela en en faisant le chantier de son travail. Il se l'approprie par le travail et pour avoir encore du travail. »[11]Et les moyens de production, au-delà de la nature dans son état vierge, sont « le fruit du patrimoine historique du travail humain ». « Tous les moyens de production, des plus primitifs aux plus modernes, c'est l'homme qui les a progressivement élaborés : l'expérience et l'intelligence de l'homme. De cette façon sont apparus, non seulement les instruments les plus simples qui servent à la culture de la terre, mais aussi – grâce au progrès adéquat de la science et de la technique – les plus modernes et les plus complexes : machines, usines, laboratoires et ordinateurs. Tout ce qui sert au travail, tout ce qui constitue, dans l'état actuel de la technique, son “instrument” toujours plus perfectionné, est le fruit du travail. »[12]

Précision encore : « Cet instrument gigantesque et puissant, à savoir l'ensemble des moyens de production considérés en un certain sens comme synonyme de “capital”, est né du travail et porte les marques du travail humain. »[13] Le travail est, quant à lui, de plus en plus humain et plus qualifié aujourd'hui : toujours davantage pénétré des processus humains de connaissance. Pas de travail désormais sans beaucoup d'intelligence déployée. La supériorité du travail n'en est que plus marquée. « Au stade présent de l'avancement de la technique, l'homme, qui est le sujet du travail, quand il veut se servir de cet ensemble d'instruments modernes, c'est-à-dire des moyens de production, doit commencer par assimiler, au plan de la connaissance, le fruit du travail des hommes qui ont découvert ces instruments, qui les ont programmés, construits et perfectionnés, et qui continuent à le faire. Pouvoir travailler – c'est-à-dire participer efficacement au processus moderne de production – exige ainsi une préparation toujours plus grande et, avant tout, une instruction adéquate. »[14]

Quelle erreur donc d'avoir séparé le travail du capital et d'avoir opposé ce dernier à lui, « en perdant de vue la fin, c'est-à-dire l'homme à qui ces moyens doivent servir »[15]. Corrélativement : « On ne voit pas de possibilité de dépassement radical de cette erreur si n'interviennent pas des changements adéquats dans le domaine de la théorie comme dans celui de la pratique, changements allant dans une ligne de ferme conviction du primat de la personne sur la chose, et du travail de l'homme sur le capital entendu comme ensemble des moyens de production »[16].

LA QUESTION DU CHÔMAGE

De cette vision du travail et surtout de l'insistance sur sa primauté résultent, on le comprend, l'affirmation et la revendication de nombreux droits : droit au salaire, droit aux prestations sociales, droit d'association syndicale, droit à non-discrimination du fait du handicap, droit d'émigration pour chercher du travail, etc. Le tout enrichissant la liste des droits de l'homme... Mais le pape ne tardait pas à en venir aussi à la question du chômage, considérée par lui comme fondamentale dans l'optique de la priorité du travail. Il est sous-entendu que le travail est tellement important pour l'homme – pour sa réalisation (il se forme tout en formant la nature) – que tout doit être entrepris pour permettre à chacun d'y avoir part.

Dans l'encyclique *Laborem exercens* même, Jean-Paul II soulignait surtout qu'assurer aux hommes du travail ne relève pas de la responsabilité du seul employeur « direct », mais de l'employeur « indirect » aussi, qui est surtout l'État (bien que la définition soit : « les nombreux facteurs différenciés qui, outre l'employeur direct, exercent une influence déterminée sur la manière dont se forment les contrats de travail »)[17]. Suivait une forte recommandation, que n'osent certes guère mettre en œuvre nos États : « Pour faire face au danger du chômage et assurer un travail à chacun, les instances qui définies ici comme employeur indirect doivent pourvoir à une *planification* globale de ce chantier de travail différencié au sein duquel se forme la vie non seulement économique mais aussi culturelle d'une société donnée ; elles doivent faire attention, en outre, à l'organisation correcte et rationnelle du travail sur ce chantier. »[18]

À une année de distance de l'encyclique *Laborem exercens*, dans son message à l'Organisation Internationale du Travail à Genève en 1982, Jean-Paul II se présente avec une vision encore aggravée de la situation du chômage. Il insiste alors sur la gravité du chômage des jeunes. Il lance un fort appel à la solidarité : « Je l'affirme avec force : tant au niveau national qu'au niveau international la solution positive du problème de l'emploi et de l'emploi des jeunes en particulier, suppose une forte solidarité de l'ensemble de la population et de l'ensemble des peuples : que chacun soit disposé à accepter les sacrifices nécessaires, que chacun collabore à la mise en place de programmes et d'accords visant à faire de la politique économique et sociale une expression tangible de la solidarité, que tous aident à mettre en place les structures appropriées, économiques, techniques, politiques et financières, qu'impose indiscutablement l'établissement d'un nouvel ordre social de solidarité. »[19] Puis, il dit encore, il clame cette phrase pleine d'émotion qui a beaucoup frappé : « Je me refuse à croire que l'humanité contemporaine, apte à réaliser de si prodigieuses prouesses scientifiques et techniques, soit incapable, à travers un effort de créativité inspiré par la nature même du travail humain et par la solidarité qui unit tous les êtres, de trouver des solutions justes et efficaces au problème essentiellement humain qu'est celui de l'emploi ! »

Dès *Laborem exercens*, d'autre part, il a exprimé son sentiment que les problèmes actuels eux-mêmes seront probablement vite débordés : « Nous célébrons le quatre-vingtième anniversaire de l'encyclique *Rerum novarum* à la veille de nouveaux développements dans les conditions technologiques, économiques et politiques qui, selon nombre d'experts, n'auront pas moins d'influence sur le monde du travail et de la production que n'en eut la révolution industrielle du siècle dernier. Les facteurs de portée générale sont multiples : l'introduction généralisée de l'automation dans de nombreux secteurs de la production, l'augmentation du prix de l'énergie et des matières de base, la prise de conscience toujours plus vive du caractère limité du patrimoine naturel et de son insupportable pollution, l'apparition sur la scène politique de peuples qui, après des siècles de sujétion, réclament leur place légitime parmi les nations et dans les décisions internationales. Ces nouvelles conditions et exigences requerront une réorganisation et un réaménagement des structures de l'économie d'aujourd'hui comme aussi de la distribution du travail. Malheureusement, de tels changements pourront éventuellement signifier aussi, pour des millions de travailleurs qualifiés, le chômage, au moins temporaire, ou la nécessité d'un nouvel apprentissage ; ils comporteront selon toute probabilité une diminution ou une croissance moins rapide du bien-être matériel pour les pays les plus développés ; mais ils pourront également apporter soulagement et espoir aux millions de personnes qui vivent actuellement dans des conditions de misère honteuse et indigne »[20]

L'ABSENCE DE PROPOSITIONS CONCRÈTES

Toute cette prise de conscience est importante, et on ne peut pas dire que l'enseignement de l'Église récent soit resté inattentif à la question du chômage. Les épiscopats nationaux ont d'ailleurs accompagné ici le pape. La Commission sociale de l'épiscopat français publiant, par exemple, sous la direction de Mgr Albert Rouet en 1993, un petit volume « rouge », qui a été diffusé, je l'ai déjà noté, à 14 000 exemplaires. La Déclaration commune évangélique et protestante en Allemagne au début de 1997 concerne aussi le chômage, et on y lit : « Le chômage n'est pas un destin inéluctable face auquel la politique, l'économie et la société seraient sans défense. »[21]

Quelques-unes des phrases du pape sur les changements qui deviennent nécessaires vont d'autre part très loin, comme : « Ils comporteront selon toute probabiblité une diminution ou une croissance moins rapide du bien-être matériel », même « pour les pays plus développés », pour des peuples entiers donc. Il semble bien qu'on ait été timide, cependant, jusqu'ici, dans l'énoncé de propositions concrètes touchant la mise en œuvre de tout cet idéal, c'est le point que je veux maintenant souligner.

Jean-Paul II, n'a guère accompagné, après* Laborem exercens, *l'évolution, qui conduit aujourd'hui jusqu'à des révisions radicales de la place du travail et du genre du travail.

Jean-Paul II, pour sa part, n'a guère accompagné, après *Laborem exercens*, l'évolution, qui conduit aujourd'hui jusqu'à des révisions radicales de la place du travail et du *genre* du travail, sauf à dire, dans *Centesimus annus*, que l'entreprise moderne a une merveilleuse aptitude à faire place à du travail très qualifié, plus « humain »... *mais* que le système entier est *excluant*, en tout cas peu incluant, peu intégrateur. « De nombreux hommes, sans doute la grande majorité ne disposent pas aujourd'hui des moyens d'entrer, de manière efficace et digne de l'homme, à l'intérieur d'un système d'entreprise dans lequel le travail occupe une place réellement centrale. Ils n'ont la possibilité ni d'acquérir les connaissances de base qui permettraient d'exprimer leur créativité et de développer leurs capacités, ni d'entrer dans le réseau de connaissances et d'intercommunications qui leur permettraient de voir apprécier et utiliser leurs qualités »[22] Et ceci dans les pays industrialisés comme dans le tiers monde... La dénonciation de la situation est donc à nouveau ferme et forte. Cependant, rien de plus n'est vraiment dit depuis 1981 ou 1982 sur les moyens de faire face à la situation de l'emploi, devenue catastrophique en de nombreux pays. Les remarques faites ne débouchent guère sur des propositions concrètes.

Une certaine idée de partage du travail, mieux du « temps de travail » est évoquée en revanche par la Commission sociale de l'épiscopat français[23]. Il est même dit que ce partage doit impliquer un partage des revenus : « Le partage du temps de travail serait une solution tronquée s'il n'allait pas jusqu'au partage des ressources générées par le travail. »[24] Et la Commission est allée plus loin encore, parlant de la recherche « de tâches sociales aujourd'hui insuffisamment remplies et qui se révèlent indispensables ». « La société tout entière, dit-elle, doit rechercher des activités utiles à son existence, à sa qualité, et qui confèrent à ceux qui les exercent une réelle reconnaissance sociale. »[25] La Commission n'ose néanmoins pas, semble-t-il, elle non plus, envisager l'intégration de ces tâches dans les activités proprement économiques et dans le circuit des échanges.

LES DEUX VOLETS D'UNE PROPOSITION POUR CE TEMPS

Pour une proposition plus nette et cohérente, on devrait, je crois, s'appuyer sur ce qu'a récemment dit la Déclaration commune des Églises évangélique et catholique d'Allemagne : « Les Églises n'ont jamais affirmé que le chômage serait uniquement ou principalement résolu en partageant le travail rémunéré [actuellement disponible ou hérité en somme]. Mais il y a lieu d'utiliser cette voie. »[26] Les Églises allemandes parlent, faut-il ajouter, expressément de « réduction du temps de travail sans pleine compensation salariale », comme « pouvant contribuer à créer de nouveaux emplois » (ainsi qu'à « accroître la compatibilité entre la vie familiale et la vie professionnelle des hommes et des femmes »[27].

Il faut toutefois, d'abord, attirer l'attention sur l'essentiel. L'essentiel étant, en premier lieu, que le processus de diminution du travail traditionnel (particulièrement agricole, industriel et connexe), dû à l'automatisation permise par l'informatique, n'a fait que commencer et que l'on ne peut songer à le renverser : c'est en effet un processus qui permet à l'ensemble des hommes de bénéficier de produits agricoles et industriels de moins en moins chers, ou correspondant à une part toujours plus faible de travail humain, ce qui est équivalent. L'essentiel étant aussi, en second lieu, que les hommes pourront, s'ils le veulent, faire valoir de plus en plus de besoins dont la satisfaction ne passe guère par des produits, des biens matériels, mais plutôt par une action de la personne à l'endroit de la personne, un service au sens le plus précis du terme. Et il deviendra possible de satisfaire de mieux en mieux ces besoins. Là se retrouveront des emplois, dans toutes sortes de nouvelles tâches éducatives, ou de développement culturel et artistique, dans toutes sortes de nouveaux soins de l'homme à l'homme, touchant sa santé au sens le plus large du terme, et dans d'autres interactions encore de l'homme et de l'homme dont nous n'avons sans doute même pas idée à ce point mais qui ne manqueront pas de se développer. Dès aujourd'hui, la statistique de la répartition des activités de la population active démontre que cet avenir a commencé. Le problème est de l'accélérer assez pour que les disponibilités de travail des hommes trouvent de nouveau à s'employer suffisamment. Et il importe que l'Église indique cette direction et encourage à tous les efforts, individuels, collectifs, associatifs et publics dans ce sens, car presque personne n'a l'indépendance d'esprit dont elle dispose pour le faire.

Il est des gens qui ne parviennent pas encore à admettre qu'un service peut s'échanger contre un service autant que contre un bien ou produit matériel et qu'une part infiniment plus grande des échanges pourrait porter sur des services, une part plus faible portant sur des biens matériels, des produits au sens courant du terme. L'Église peut beaucoup contribuer à susciter la réflexion qui permet de réaliser qu'il n'y a rien d'étrange ni d'incompréhensible à ce que, producteur soi-même d'un service, on se fasse payer – indirectement certes, par la médiation du revenu monétaire, de l'argent – en autres services autant qu'en produits matériels.

Il faut ensuite inviter les personnes, surtout disposant de revenus suffisants, à faire valoir leurs besoins en services. Un service devient solvable par le fait que je fais savoir ma préférence pour ce service plutôt que pour tel ou tel bien matériel obtenu à un prix relativement de plus en plus faible (ou pour tel autre service). Tel ou tel objectera peut-être que cette invitation est comme une pression sur la liberté d'autres personnes... Mais on peut aisément lui répondre qu'il ne s'agit que de compenser l'effet d'une persuasion publicitaire encore relativement très puissante des activités industrielles traditionnelles. Il s'agit d'aider des personnes à prendre conscience de leurs vrais besoins. J'ai à plusieurs reprises cité, à ce sujet, l'exemple d'un homme du troisième, ou plutôt déjà du quatrième âge, qui a un très réel besoin de services personnels – y compris au sens le plus précis de services « à la personne » –, dit en même temps n'en point trouver, mais n'est guère disposé à payer pour cela... il s'achète en revanche, à quelques jours de là, une automobile de grand prix qui, dans l'étant de santé et d'agilité du propriétaire, restera la plus grande partie de l'année dans son garage, n'en sortira que pour de brèves excursions pendant quelques beaux jours ! C'est caricatural et réel pourtant. Il ne fait pas de doute qu'on puisse, par la voie associative tout spécialement (sans parler de l'éducation), amener à certains changements de mentalité décisifs pour la manifestation de la demande nouvelle. L'Église peut, doit même, y encourager. S'engager en cela.

Il faut simultanément, par la voie associative, voire par celle de l'entreprise, susciter une offre correspondante : celle d'un service qualifié, garanti, appuyé sur une formation adéquate. Formation qui n'est certes pas une petite affaire. Elle passe en tout cas par des disciplines et des apprentissages différents de ceux qui étaient utiles pour les travaux industriels traditionnels.

Tout ceci peut être grandement renforcé par une programmation publique des actions nécessaires pour faciliter ces développements, et déjà par une annonce publique, en provenance d'autorités politiques, de la direction qu'est en train de prendre le changement, du déplacement qui peut et doit s'effectuer vers un nouveau travail. On voit bien l'Église reprendre vigoureusement ici le terme « planification », déjà une fois employé, nous l'avons entendu, par Jean-Paul II dans le contexte de la politique de l'emploi. Ce serait vraiment utile.

À titre plutôt provisoire que définitif – ou plutôt sans savoir quel sera au juste l'avenir en termes de *temps* de travail –, la justice sociale exige, d'autre part, que, dans la transition où nous nous trouvons nécessaire, nous partagions le temps de travail disponible, ou, si l'on préfère, les occasions de travail qui se présentent. Acceptant ce qui manque le plus aux projets courants, très timides et très conservateurs (très « corporatifs »), à savoir une diminution ou non-progression du revenu : la justice sociale, il faut redire cette expression, l'exige. Il se peut d'ailleurs que la diminution de revenu ne soit pas tellement considérable si la réintégration de nombreuses personnes dans un emploi rémunéré rend possible une diminution des charges d'indemnisation pesant jusque-là sur les salaires des gens au travail. Le point de vue fondamental est celui d'un partage des *occasions de travail*, celui d'un partage de la possibilité de prendre part à l'activité sociale, à ce « grand chantier », comme a dit Jean-Paul II, « dans lequel chacun s'engage avec tous »[28]. On peut, bien entendu, au moyen d'indemnisations ou allocations diverses, assurer à chacun la survie, voire une vie décente, même s'il ne travaille pas, mais on ne lui assure pas ainsi cette personnalisation et socialisation essentielles que procure le travail. L'Église doit ici s'engager fortement, en vertu du prix qu'elle attache à ces valeurs : n'a-t-elle pas dit que le travail est une « dimension fondamentale » de l'existence humaine ?

L'Église peut aussi plus que quiconque prôner un partage du travail impliquant partage de revenu.

L'ÉGLISE PEUT ET DOIT SE RISQUER ICI

L'Église peut aussi plus que quiconque prôner un partage du travail impliquant partage de revenu parce qu'elle a une vue claire des minima de participation sociale et économique dus à tout homme et toute femme en vertu de la justice sociale, en définitive en vertu de la solidarité et fraternité que nous reconnaissons entre tous les hommes du fait qu'ils sont chacun pris pour frère par Jésus le Christ, celui qui nous est infiniment cher.

La combinaison des deux volets, c'est-à-dire de la recherche du déplacement rapide du travail en direction des nouveaux besoins et des nouvelles activités capables de les satisfaire, et d'un partage des occasions traditionnelles de travail, au moins à titre provisoire, a une vraie cohérence. Et l'Église a tout pour s'engager dans cette proposition combinée.

Ce faisant, elle pourra bien courir certains risques, du fait de ce qu'il y a de contingent en toute proposition de mesures sociales, elle dira du moins du concret, elle sortira du vague qu'on lui reproche souvent. Elle traduira sur le terrain de l'action sa conviction de la valeur du travail, moyen essentiel de personnalisation et de socialisation, comme je l'ai tout à l'heure noté, et simultanément son adhésion à un principe de justice sociale qui ne saurait être sacrifié.

Voici donc une première et très ferme ligne de marche pour l'Église demain. (En vérité dès aujourd'hui même, ou le plus tôt possible, vu l'urgence du problème de l'emploi). De quoi revitaliser déjà sa doctrine sociale, dans un domaine d'une extrême actualité.

Notes

1. Il a voulu aussi très expressément l'encyclique sur le développement, *Sollicitudo rei socialis*, mais davantage cette fois en fonction des découvertes faites par lui au long de la première partie de son pontificat.

2. *Laborem exercens* 3, 2.

3. *Ibid.*, 4.

4. *Ibid.*, 4, 1.

5. *Ibid.*, 4, 2.

6. *Ibid.*, 5, 3.

7. *Ibid.*, 6, 2.

8. *Ibid.*, 6, 3.

9. *Ibid.*, 6, 5-5.

10. *Ibid.*, 12.

11. *Ibid.*

12. *Ibid.*, 12, 4-5 ?

13. *Ibid.*

14. *Ibid.*

15. *Ibid.*, 13.

16. *Ibid.*

7. *Ibid.*, 16.

18. La subsidiarité est maintenue par Jean-Paul II, écrivant : « Ce souci global pèse en définitive sur l'État mais ne peut signifier une centralisation opérée unilatéralement par les pouvoirs publics : il s'agit au contraire de mettre en œuvre une coordination, juste et rationnelle, dans le cadre de laquelle soit garantie l'initiative des personnes, des groupes, des centres divers, des "ensembles de travail" locaux, en tenant compte de ce qui a été dit ci-dessus du caractère subjectif du travail humain » (*Laborem exercens*, 18). Que de responsabilité sociale, collective est, de toute manière, ici impliquée – quelque chose qui est certainement trop peu perçu par beaucoup aujourd'hui.

19. Allocution à l'Organisation Internationale du Travail, 12.

20. *Laborem exercens*, 1.

21. Déclaration commune du Conseil de l'Église évangélique en Allemagne et de la Conférence épiscopale catholique allemande sur la situation économique et sociale en Allemagne, 1997, n° 167.

22. *Centesimus annus*, 33.

23. *Face au chômage, changer le travail*, *op. cit.*, p. 199.

24. *Ibid.*, p. 200.

25. *Ibid.*, p. 226.

26. Déclaration commune, *op. cit.*, n° 172.

27. *Ibid.*

28. *Laborem exercens*, 14.

Chapitre 4

LE LIBÉRALISME FINANCIER

Un second grand problème économique de notre temps a nom libéralisme. Néo-libéralisme, préfèrent dire certains. Il s'agit en fait de politiques traditionnellement libérales mais qui se sont renforcées ces vingt dernières années – depuis M. Reagan et Mme Thatcher –, ainsi que de maintes nouvelles politiques, de libération des prix, d'ouverture des marchés, de dérégulation et de privatisation. Le pape Jean-Paul II n'a pas manqué d'en débattre, surtout dans son encyclique *Centesimus annus*, après la chute du mur de Berlin et à quelques mois du putsch de Moscou qui allait entraîner l'interdiction du Parti Communiste d'Union soviétique, la dissolution de l'Union, l'effondrement de son régime. Il a repris ainsi la vieille question du marché et de ses limites, il a mis les points sur les i, et assurément gardé la tête froide face aux enthousiasmes néolibéraux. On voit cependant, de mieux en mieux, de ce fait, que la doctrine de l'Église n'a pas encore vraiment traité du libéralisme des opérations financières qui apparaît à beaucoup désormais comme le plus sérieux problème en ce domaine.

L'ÉCONOMIE D'ENTREPRISE MODERNE, MAIS...

Voulant parler de l'économie moderne – la plus moderne – Jean-Paul II évoque dans *Centesimus annus*, les entreprises où ce qui compte le plus, à la différence du temps d'un Léon XIII, c'est « la connaissance, la technique, le savoir ». « La richesse des pays industrialisés, poursuit-il, se fonde bien plus sur ce type de propriété [de la connaissance, de la technique, du savoir] que sur celui des ressources naturelles »[1]. Surtout, note-t-il, le travail humain est ainsi devenu plus varié, s'est fortement enrichi, a une place de plus en plus importante : « Deviennent toujours plus évidents et déterminants le rôle du travail humain maîtrisé et créatif et celui de la capacité d'initiative et d'entreprise, part essentielle de ce travail. »[2] Et de conclure : « Il faut considérer d'un regard favorable ce processus qui met en valeur concrètement un enseignement sur la personne que le christianisme a constamment affirmé. »[3] Jean-Paul II en vient ainsi à une première appréciation de « l'économie moderne de l'entreprise », sans nommer encore le libéralisme mais parlant réellement de lui : « L'économie moderne de l'entreprise comporte, dit-il, des aspects positifs, dont la source est la *liberté* de la personne [...] Autrefois, le facteur décisif de la production était la terre. Plus tard, ce fut le capital, compris comme l'ensemble des machines et des instruments de production. Aujourd'hui c'est de plus en plus l'homme lui-même, c'est-à-dire sa capacité de connaître, qui apparaît dans le savoir scientifique, sa capacité d'organisation solidaire, et de même sa capacité de percevoir et de satisfaire les besoins d'autrui. »[4]

Ce qu'il faut certes remarquer immédiatement, c'est qu'aussitôt après l'affirmation de ces aspects « positifs », vient sous la plume de Jean-Paul II la constatation de la grande faiblesse, malgré tout, de cette économie moderne : sa difficulté, son incapacité à intégrer les hommes. « On ne peut, dit-il, omettre de dénoncer les risques et les problèmes liés à l'évolution en cours. »[5] Voici des phrases cruciales de son diagnostic, en réalité négatif : « Des hommes très nombreux, et sans doute leur grande majorité ne disposent pas aujourd'hui, dit-il, des moyens d'entrer, de manière efficace et digne de l'homme, à l'intérieur de ce système d'entreprise dans lequel le travail occupe réellement la place centrale. Ils n'ont la possibilité ni d'acquérir les connaissances de base leur permettant d'exprimer leur créativité et de développer leurs capacités, ni d'entrer dans le réseau de connaissance et d'intercommunication qui leur permettrait de voir apprécier et utiliser leurs qualités. »[6]

Le pape poursuit : « S'ils ne sont pas exploités, ces hommes et femmes sont sérieusement marginalisés ; le développement économique se poursuit, pour ainsi dire, au-dessus de leur tête, quand il ne va pas jusqu'à restreindre le champ déjà étroit de leurs anciennes économies de subsistance. Incapables de résister à la concurrence de produits obtenus avec des méthodes nouvelles répondant aux besoins qu'ils satisfaisaient antérieurement dans le cadre d'organisations traditionnelles, alléchés par la splendeur d'une opulence hors de portée pour eux, et en même temps pressés par la nécessité, ces hommes peuplent les villes du tiers monde : ils y sont souvent déracinés culturellement et se trouvent dans des situations précaires qui leur font violence, sans possibilité d'intégration. »[7] Jean-Paul II ajoute : « On ne reconnaît pas en fait leur dignité ni leurs capacités humaines positives. Parfois, on cherche à les éliminer du cours même de l'histoire en leur imposant des formes de contrôle démographique contraires à la dignité humaine. »[8]

« Beaucoup d'autres hommes, dit-il encore, bien qu'ils ne soient pas tout à fait marginalisés, vivent dans des conditions telles que la lutte pour la survie est pour eux de prime nécessité, alors que sont encore en vigueur les pratiques du capitalisme des origines, dans une situation dont la "cruauté" n'a rien à envier à celle des moments les plus sombres de la première phase de l'industrialisation. Dans d'autres cas, la terre étant encore l'élément central du processus économique, ceux qui la cultivent, empêchés de la posséder, sont réduits à des conditions de demi-servitude. Dans ces cas, on peut, aujourd'hui comme au temps de *Rerum novarum*, parler d'exploitation inhumaine », dit encore Jean-Paul II[9].

JUSQUE DANS LES SOCIÉTÉS « PLUS AVANCÉES »

Tout ceci vaut du tiers monde mais pas seulement de lui, car « même dans les sociétés les plus avancées..., [souvent] les choses matérielles l'emportent sur les hommes ; et pour les pauvres, s'est ajoutée à la pénurie de biens matériels celle de savoir et de connaissance qui les empêche de sortir de leur état d'humiliante subordination [...] Certains aspects caractéristiques du tiers monde apparaissent dans les pays développés où la transformation incessante des modes de production et des types de consommation dévalorise des connaissances acquises et des compétences professionnelles confirmées, ce qui exige un effort continu de mise à jour et de recyclage. Ceux qui ne réussissent pas à suivre le rythme sont facilement marginalisés, comme le sont, en même temps qu'eux, les personnes âgées, les jeunes incapables de bien s'insérer dans la vie sociale, ainsi que d'une manière générale, les sujets les plus faibles et les personnes réunies dans ce qu'on appelle le "quart monde" Dans ces conditions, la situation de la femme est loin d'être facile »[10]. Bref, est ainsi vivement discuté un effet négatif de l'économie moderne que l'on tend pourtant à tellement louer aujourd'hui et qui ne manque pas en effet de mérites car elle repose sur un remarquable développement de la qualification du travail : ce « développement de la qualification » ne vaut hélas que pour un nombre restreint, et cela semble congénital au système s'il n'est pas vigoureusement corrigé.

Les autorités de l'Église n'ont sans doute jamais parlé aussi favorablement du marché que le fait Jean-Paul II.

Le trait le plus vanté de cette économie est le *marché* (libre marché). Et les autorités de l'Église n'ont sans doute jamais parlé aussi favorablement du marché que le fait Jean-Paul II : « Il semble, dit celui-ci, qu'à l'intérieur de chaque pays comme dans les rapports internationaux, le marché libre soit l'instrument le plus approprié pour répartir les ressources et répondre efficacement aux besoins. »[11] Jugement prudent, faut-il noter, « il semble », dit le pape, mais on peut estimer qu'il y souscrit largement, *constate* en tout cas un vrai succès des économies de marché. Que pouvait-il dire d'autre au moment de l'effondrement du communisme ? Cependant, est-il aussitôt ajouté, à l'encontre de qui est naïvement enthousiaste de la nouvelle situation, le marché n'est aucunement une panacée, et il n'est pas applicable à tout : « Il ne vaut, dit Jean-Paul II, que pour les besoins "solvables" c'est-à-dire pour lesquels on dispose d'un pouvoir d'achat, et pour les ressources 'vendables', susceptibles d'être payées à un juste prix. Il y a en fait de nombreux besoins humains qui ne peuvent être satisfaits par le marché. C'est (pourtant) un strict devoir de justice et de vérité de faire en sorte que les besoins humains fondamentaux ne restent pas insatisfaits, et que ne périssent pas des hommes, victimes de graves pénuries. En outre, il faut que les hommes dans le besoin soient aidés à acquérir des connaissances, à entrer dans des réseaux de relations, à développer leurs aptitudes, pour que puisssent être mises en valeur leurs capacités et leurs ressources personnelles. »[12] Remarque plus générale et décisive : « Avant toute logique des échanges à parité, avec les formes de justice [commutative] qui les régissent, il y a un certain *dû à l'homme parce qu'il est homme* en raison de son éminente dignité. Ce dû comporte, inséparablement, la possibilité de survivre et celle d'apporter une contribution active au bien commun de l'humanité. »[13] Le travail, en particulier, ne saurait être traité à la manière de n'importe quelle marchandise, le pape revient ici à ses réflexions de *Laborem exercens* : « Les objectifs énoncés par *Rerum novarum* pour éviter qu'on ravale le travail de l'homme et l'homme lui-même au rang d'une simple marchandise gardent toute leur valeur dans le contexte du tiers monde, et dans bien des cas, ils restent des buts encore à atteindre : objectifs de salaire suffisant pour faire vivre une famille, d'assurances sociales pour la vieillesse et le chômage, de réglementation convenable des conditions de travail. »[14] Il y a toujours place, poursuit hardiment Jean-Paul II, pour des « luttes au nom de la justice ». Et pour « des syndicats et d'autres organisations de travailleurs défendant les droits de ces derniers et protégeant leur dignité »[15].

Même, « on peut parler à juste titre de lutter *contre tout un système économique* entendu comme moyen d'assurer la primauté absolue du capital, de la propriété des instruments de production et de la terre sur la liberté et la dignité du travail de l'homme ». Où l'on rencontre déjà la question du capitalisme, sur laquelle je reviendrai dans le prochain chapitre. Mais il est clair, d'abord, que le marché ne saurait régner sans limite, et on ne s'éloigne pas, à la véhémence du propos près, des fortes réserves qu'émettait en 1931 le pape Pie XI alors qu'était déclenchée la Grande Dépression avec ses terribles conséquences sociales : dans une « concurrence dont la liberté ne connaît pas de limites, ceux-là seuls, disait Pie XI, restent debout qui sont les plus forts, ce qui souvent revient à dire, qui luttent avec le plus de violence, qui sont le moins gênés par les scrupules de conscience »[16]. « Sans doute, notait aussi ce pape, contenue dans de justes limites, la concurrence est chose légitime et utile ; jamais pourtant elle ne saurait servir de norme régulatrice à la vie économique. Les faits l'ont surabondamment prouvé depuis qu'on a mis en pratique les postulats d'un néfaste individualisme. Il est donc absolument nécessaire de replacer la vie économique sous la loi d'une principe directeur justice et efficace... »[17].

LE PROFIT, UN DES CRITÈRES MAIS PAS LE SEUL

La question du *profit* a été abordée par Jean-Paul II dans le même contexte. Il est, lui aussi, loué et reconnu comme il ne l'a jamais été dans le passé par un dignitaire de l'Église. Cependant dans de strictes limites : « L'Église, dit Jean-Paul II, le reconnaît comme un indicateur du bon fonctionnement de l'entreprise. Quand une entreprise engendre du profit, cela signifie que les facteurs productifs ont été dûment utilisés, et les besoins humains correspondants convenablement satisfaits. Cependant, le profit n'est pas le seul indicateur de l'état de l'entreprise. Il peut arriver que les comptes économiques soient satisfaisants et qu'en même temps les hommes, qui sont le patrimoine le plus précieux de l'entreprise, soient humiliés et offensés dans leur dignité. Non seulement c'est moralement inadmissible, mais cela ne peut pas ne pas entraîner à la longue des conséquences négatives pour l'efficacité économique de l'entreprise. En effet, le but de l'entreprise n'est pas uniquement la production du profit mais l'existence même de la communauté de personnes qu'elle constitue, personnes qui, de manières diverses, recherchent la satisfaction de leurs besoins fondamentaux, et sont en même temps un groupe particulier au service de la société entière. Le profit est un régulateur dans la vie d'un établissement mais pas le seul ; il faut que soient pris en compte d'autres facteurs humains et moraux qui, à long terme, sont au moins aussi essentiels. »[18]

Le but de l'entreprise n'est pas uniquement la production du profit, mais l'existence même de la communauté de personnes qu'elle constitue compte aussi

Est-il d'ailleurs certain, pour revenir sur le début de la citation, que partout où il y a profit, les « facteurs productifs » ont été correctement utilisés et les « besoins humains » convenablement satisfaits ? Ce n'est pas toujours si évident.

CIVILISATION LIBÉRALE, CIVILISATION DE LA CONSOMMATION

Une autre caractéristique encore de l'économie libérale moderne est abordée : c'est une économie de consommation, ceci étant aussi problématique Cette économie est au fond amorale. Ici Jean-Paul II écrit : « La demande d'une existence plus satisfaisante qualitativement et plus riche est en soi légitime. Mais [...] dans la manière dont surgissent les besoins nouveaux et dont ils sont définis intervient une conception de l'homme et de son bien plus ou moins juste. Dans les choix de production et de consommation se manifeste toute une culture, une conception d'ensemble de la vie [...] Pour définir les nouveaux besoins et les nouvelles méthodes de les satisfaire, il est nécessaire qu'on s'inspire d'une image intégrale de l'homme qui respecte toutes les dimensions de son être et subordonne les dimensions physique et instinctive aux dimensions intérieure et spirituelle. Si on se réfère directement aux instincts et fait abstraction, d'une façon ou de l'autre, de la réalité personnelle, consciente et libre, cela peut entraîner des habitudes de consommation et des styles de vie objectivement illégitimes, souvent préjudiciables à sa santé physique et spirituelle. »[19] « Le système économique, dit ensuite Jean-Paul II, ne comporte pas dans son propre cadre des critères qui permettent de distinguer correctement les formes nouvelles plus élevées de satisfaction des besoins humains et les besoins nouveaux induits qui empêchent la personnalité de parvenir à sa maturité. La nécessité et l'urgence apparaissent donc d'un vaste travail éducatif et culturel comprenant l'éducation des consommateurs à un usage responsable de leur pouvoir de choisir, la formation d'un sens aigu des responsabilités chez les producteurs, et surtout chez les professionnels des moyens de communication sociale, sans compter l'intervention nécessaire des pouvoirs publics. »[20] Ceci a pu être compris comme voulant dire que ce n'est, par principe, pas l'affaire du « système économique » de moraliser l'économie – la consommation – : ce serait l'affaire de l'éducation, des institutions culturelles, des Églises et d'elles seules. Le système libéral en particulier serait ainsi exonéré de responsabilités... Mais c'est là une conclusion bien excessive par rapport au propos de Jean-Paul II, qui insiste plutôt sur la subordination de toute la vie économique à la morale : simplement, le système économique, même s'il doit dans la mesure du possible y travailler, ne saurait, à lui seul, suffire à la moralisation de la consommation. « Même le choix d'investir dans un lieu plutôt que dans un autre, dans un secteur de production plutôt qu'en un autre, est toujours un choix moral et culturel », dit Jean-Paul II[21]. On ne peut donc s'excuser par l'économie. Et l'économie libérale ne moralise en effet guère la consommation.

Même le choix d'investir est toujours un choix moral et culturel », dit Jean-Paul II.

LE PROBLÈME DES BIENS COLLECTIFS

Dans le même contexte se présente chez Jean Paul II la question de *l'écologie*. Je ne la détaillerai point. Notons seulement qu'elle est importante à ses yeux (Le pape a développé ses vues à ce sujet dans *Centesimus annus* aux numéros 37-38). En rapport avec l'écologie, il s'attaque à nouveau au problème de l'identification des « biens *collectifs* » qui ne peuvent pas relever du marché. « L'État, dit-il, a le devoir d'assurer la défense et la protection des biens collectifs que sont le milieu naturel et le milieu humain dont la sauvegarde ne peut être obtenue par les seuls mécanismes du marché. Comme, aux temps de l'ancien capitalisme, l'État a eu à défendre les droits fondamentaux du travail, de même, sous le nouveau capitalisme, il doit, ainsi que toute la société, défendre les biens collectifs qui constituent, entre autres, le cadre à l'intérieur duquel il est possible à chacun d'atteindre légitimement ses fins personnelles. »[22] Cadre naturel, mais aussi social, la famille par exemple. Il y a là une très réelle limite au marché, insiste-t-il à nouveau : « Des nécessités humaines importantes échappent à la logique de celui-ci. Il y a des biens qui, en raison de leur nature, ne peuvent ni ne doivent être vendus ou achetés. Certes, les mécanismes du marché présentent généralement de solides avantages : ils aident à mieux utiliser les ressources ; ils favorisent l'échange des produits ; surtout, ils placent au centre la volonté et les préférences de la personne rencontrant dans le contrat celles d'une autre personne. Toutefois il y a un risque d'"idolâtrie" du marché, comportant négligence des biens qui, par leur nature, ne sont et ne peuvent être de simples marchandises. »[23] Et il y a de réelles possibilités d'*aliénation* dans la vie économique, proclame en conséquence Jean-Paul II. Rien donc qui ferait que l'économie soit toujours bonne en elle-même et jamais occasion de méfaits[24].

Jean-Paul II ajoute et conclut : « Dans la société occidentale, l'exploitation, du moins sous la forme analysée et décrite par Karl Marx, a été surmontée, mais elle ne l'a pas été dans la mesure où les hommes tirent profit les uns des autres et, tout en satisfaisant de façon toujours plus raffinée leurs besoins particuliers et secondaires, se rendent sourds aux besoins essentiels et authentiques – qui d'ailleurs devraient régir aussi les modalités de la satisfaction des premiers. L'homme ne peut pas être libre s'il se préoccupe seulement ou d'abord de l'avoir et de la jouissance, au point de n'être plus capable de dominer ses instincts et ses passions, ni de les unifier ou de les maîtriser par l'obéissance à la vérité »[25]. L'économie libérale est encore en cause ici évidemment, de plus d'une manière.

Sur quoi insiste ensuite Jean-Paul II ? Naturellement, sur la nécessité d'une régulation du marché, sous ses divers aspects. Le point-clé est que « la liberté économique doit être encadrée par un contexte juridique ferme la mettant au service de la liberté humaine intégrale et la considérant comme une dimension particulière de cette dernière, dont l'axe est d'ordre éthique et religieux »[26]. Tout comme Pie XI l'avait dit naguère. L'expression « encadrement juridique » peut, elle, au premier abord sembler faible, peu exigeante... Les choses changent pourtant si l'on commence à y mettre toutes les exigences précédemment énumérées : au sujet des biens collectifs, au sujet de l'ouverture de l'entreprise moderne à tous ces hommes qui en demeurent écartés, au sujet de l'écologie, au sujet même de la consommation. Bien des choses que la tendance courante à « déréguler » va en fait à contredire – au plan mondial surtout où n'existe pas pour l'instant d'autorité étatique suffisante. Compte tenu de tout ceci, la requête de Jean-Paul II prend de l'ampleur, on devine qu'elle n'est pas si facilement que cela satisfaite.

Quelques-uns ont, en fonction de tout ce débat, en réalité complexe, cherché à tirer Jean-Paul II à eux : au libéralisme pur et simple... Ils ne le peuvent pourtant, on en conviendra après l'examen que nous venons d'effectuer, qu'en se contentant de bribes d'un long chapitre qu'il faut au contraire lire et retenir tout entier. Au total, c'est vrai, *Centesimus annus*, si on la compare à *Rerum novarum* ou à *Quadragesimo anno*, même aux textes du Concile Vatican II, marque un changement de style. « Le pape s'est fait économiste », écrivit Paul Fabra, chroniqueur économiste du journal *Le Monde*. Le pape s'est rapproché d'un vocabulaire dont l'Église s'était souvent tenue à l'écart auparavant, parlant plutôt un langage de théologie morale scolastique. Jean-Paul II n'a cependant pas dit sur le capitalisme libéral, la concurrence sans frein, des choses moins dures, en définitive, que n'en disait Pie XI (dans *Quadragesimo anno*). Le point décisif, surtout, est qu'il les ait redites à un moment de libéralisme triomphant tandis que Pie XI écrivait dans un moment de libéralisme blessé, la Grande Dépression avait commencé... Il est important, peut-on dire, que Jean-Paul II ait tenu ferme, ne se soit pas laissé abuser par le temps euphorique qui a fait suite à 1989. La doctrine de l'Église touchant l'économie libérale est ainsi demeurée stable, c'est le sens de *Centesimus annus*.

LE DOMAINE FINANCIER APPELLE, LUI, DES COMPLÉMENTS

Mais la question du libéralisme financier pour lui lui-même n'a guère été traitée, alors que c'est elle qui est devenue centrale désormais, aux yeux de beaucoup : c'est le point qui importe le plus pour l'avenir. On peut remarquer que la question du traitement libéral de la dette extérieure des pays pauvres a été abordée par Jean-Paul II dans son encyclique *Sollicitudo rei socialis* (sur le développement) de 1988, et que ce traitement libéral est pour une part au moins contesté par lui : « Actuellement, dit-il, sur les efforts constructifs qui sont accomplis dans le domaine du développement pèse le problème de la dette extérieure des pays les plus pauvres, problème encore en grande partie non résolu. Le principe que les dettes doivent être payées est assurément un principe de justice ; mais il n'est pas licite de demander et d'exiger un paiement quand cela reviendrait en fait à imposer des choix politiques de nature à pousser à la faim et au désespoir des populations entières. On ne saurait prétendre au paiement des dettes contractées si c'est au prix de sacrifices insupportables. Dans ces cas il est nécessaire – comme du reste cela est en train d'être au moins partiellement fait – de trouver des modalités d'allègement, de report ou même d'extinction de la dette compatibles avec le droit fondamental des peuples à leur subsistance et à leur progrès. »[27] Ce propos résumait d'ailleurs une plus complète étude des responsabilités, quant à la dette du tiers monde, menée en 1987 par le Conseil Pontifical Justice et Paix[28]. Mais c'est là l'une des rares circonstances où le pape a touché au domaine financier au sens de celui des opérations de crédit et d'échange des créances et d'autres « instruments » dérivés de ces créances qui se sont formidablement développées dans la période récente.

Ces opérations se déroulent, on le sait, avec une rapidité extrême ; et les mêmes valeurs sont susceptibles d'être échangées bien des fois dans une même journée, voire dans la même heure, si bien que le total des échanges pour une seule journée atteint des sommes gigantesques, bien supérieures au total de la production réelle ou du patrimoine réel. Les bourses de valeurs sont, elles, chose ancienne, mais la liaison de toutes les places entre elles, le fonctionnement donc vingt-quatre heures sur vingt-quatre sont chose nouvelle, qui change un grand nombre de circonstances. Et l'impression règne, très fondée, que l'ensemble de cette activité échappe à toute régulation, l'action des États nationaux s'étendant difficilement aujourd'hui à ce qui passe par-dessus leurs frontières. La thèse de plusieurs est en outre qu'il est heureux, très heureux qu'il n'y ait aucune régulation. Ici du moins, le marché existe sans entraves, avec une grande fluidité !

Il est erronné, en fait, de dire qu'il n'existe absolument aucune régulation. Il faut par exemple tenir compte du rôle que jouent la Banque des Règlements Internationaux de Bâle, au service des banques centrales des États, un fameux « ratio Cook » qui concerne les liquidités bancaires, et diverses réglementations des opérations boursières, développées au moins en certains pays.

La réglementation est néanmoins très insuffisante, on le constate chaque fois que crève une bulle financière, née de l'imprudence, ou qu'éclate une crise d'incapacité à payer d'immenses dettes comme il s'est produit d'abord au Mexique en 1982 puis dans le plus grand nombre des pays du tiers monde. Et l'Église est demeurée silencieuse ou presque..., c'est ce que fréquemment on constate.

Elle s'est, ai-je dit, intéressée au problème des dettes. Cela n'a même pas commencé avec Jean-Paul II mais déja avec des propos de Paul VI marquant les responsabilités antécédentes des pays développés (souvent de leurs banques) et des pays en voie de développement, et leurs responsabilités conséquentes, c'est-à-dire les obligations auxquelles les uns et les autres doivent faire face une fois la crise déclenchée. Paul VI avait insisté sur le fait qu'il faut s'équiper pour *prévenir.* « Le dialogue entre ceux qui apportent des moyens et ceux qui en bénéficient permettra de mesurer les apports, non seulement selon la générosité et les disponibilités des uns, mais aussi en fonction des besoins réels et des possibilités d'emploi des autres. Les pays en voie de développement ne risqueront plus dès lors d'être accablés de dettes dont le service absorbe le plus clair de leurs gains. Taux d'intérêt et durée des prêts pourront être aménagés de manière supportable pour les uns et pour les autres, équilibrant les dons gratuits, les prêts sans intérêt ou à intérêt minime, et la durée des amortissements. »[29] Paul VI ne négligeait même pas les problèmes de sécurité financière dont on a parlé récemment, avec le projet d'AMI (Accord mutuel sur les investissements) promu par l'OCDE : « Des garanties pourront être données à ceux qui fournissent les moyens financiers, sur l'emploi qui en sera fait selon le plan convenu et avec une efficacité raisonnable, car il ne s'agit pas de favoriser paresseux ou parasites. » Cependant que, ajoutait Paul VI, « les bénéficiaires pourront exiger qu'on ne s'ingère pas dans leur politique, qu'on ne perturbe pas leur structure sociale. États souverains, il leur appartient en effet de conduire eux-mêmes leurs affaires, de déterminer leur politique, et de s'orienter librement vers la société de leur choix. »[30]

Et remarquons bien que tout ceci est dit dès 1967, antérieurement à la crise des paiements mexicaine de 1982 par laquelle le plus grand nombre d'entre nous ont commencé à avoir conscience du problème.

De même, le Concile Vatican II a écrit, quant à lui, en 1965, ces lignes sur l'investissement : « Les investissements doivent tendre à assurer des emplois et des revenus suffisants tant à la population active d'aujourd'hui qu'à celle de demain. Ceux qui décident de ces investissements comme de l'organisation de la vie économique (individus, groupes, pouvoirs publics) doivent avoir ces buts à cœur et se montrer conscients de leurs obligations : d'une part, prendre des dispositions pour faire face aux nécssités d'une vie décente, tant pour les individus que pour la communauté entière ; d'autre part, prévoir l'avenir et assurer un juste équilibre entre les besoins de la consommation actuelle, individuelle et collective, et les « exigences d'investissement pour la génération qui vient. On doit également avoir toujours en vue les besoins pressants des nations et des régions économiquement moins avancées. »[31] On remarquera la liaison investissement/emploi, au sens d'occasion donnée à des hommes de déployer leurs capacités, d'obtenir un revenu, de vivre décemment. Un souci qui n'est guère présent dans la plupart des opérations boursières. Encore heureux que ce ne soit pas absolument le contraire qui détermine les comportements, comme on le voit quand les actions d'une firme s'emballent du fait de l'annonce d'une politique de licenciement de personnel.

Au sujet des opérations financières, on demeure pratiquement démuni de directives dans les divers documents, de l'Église.

Et suivaient, sous la plume des évêques de Vatican II, ces propos encore, sur les questions monétaires : « Il faut, en matière monétaire, se garder d'attenter au bien de son propre pays ou à celui des autres nations. On doit s'assurer en outre que ceux qui sont économiquement faibles ne soient pas injsutement lésés par des changements dans la valeur de la monnaie »[32]. De telles remarques, importantes et précieuses, sont, néanmoins, très générales et ne regardent pas directement le domaine des opérations financières *comme telles*, éloignées justement en bien des cas de toute conscience d'investissement réel proprement dit : à leur sujet, on demeure pratiquement démuni de directives dans les divers documents, romains ou nationaux, de la doctrine sociale. C'est l'une de ses grandes carences – un de ses présents silences – auxquels il devient urgent de faire face.

L'ÉBAUCHE DES PRINCIPES À FAIRE VALOIR

Pour marquer dans quelle direction il est ainsi urgent de développer désormais l'enseignement officiel de l'Église, on peut signaler ici une étude de deux auteurs privés, François Villeroy de Galhau et Antoine de Salins. Cette étude a été publiée dans une collection du Conseil pontifical Justice et Paix, elle est introduite, même, par une préface du Cardinal Roger Etchegaray, la recommandant, mais ceci n'en fait pas une prise de position de l'autorité pontificale ; et il faut remarquer qu'il n'existe pas davantage de telle prise de position précise en provenance des épiscopats nationaux. Voici du moins les points de vue fondamentaux à faire valoir, selon cette étude[33].

Il faut d'abord souligner que l'on a affaire, non pas aux biens, même aux biens de capital, mais à des signes (échangeables) de ces biens, des « instruments financiers », comme l'on dit, s'en détachant de plus en plus : ils sont pratiquement considérés en eux-mêmes, et exercent une influence de premier ordre. Au moyen de ces signes le capital est *en principe* mobilisé, entraîné là où il peut rendre le plus grand service (trouver de meilleures opportunités). On se garantit, d'autre part, contre la possibilité de dépréciation d'une valeur (d'une monnaie) en jouant de l'appréciation d'une autre valeur dans un délai donné au terme duquel doit se dénouer l'opération dans laquelle on est engagé : c'est le domaine des marchés « à terme », avec les risques qu'ils comportent[34]. Les opérations financières reposent sur de la croyance, sur des opinions touchant le futur, d'où le nom de « spéculation » attaché à beaucoup d'entre elles. Mais ce en quoi l'on *croit*, ainsi, peut devenir plus important que ce qui *est*. À la limite, ce qu'on croit n'est pas du tout, ou n'est rien, simple « bulle » comme l'on dit, susceptible de se volatiser quand on en vient à douter de son existence... Certains auront au passage fait des fortunes faciles, d'autres auront perdu (tous n'auront pas réussi à se garantir vraiment). Surtout, on aura pu entraîner, par le jeu spéculatif, la faillite de telle ou telle entreprise sans avoir eu le moindre égard aux personnes – la communauté de personnes – qui trouvaient en elle leur subsistance et une vie stable. Faillite dans certains cas très injuste. Le « dépeçage », lui, est une opération consciemment menée en vue d'un gain : l'entreprise n'a été acquise que pour être réduite en pièces, le repreneur ayant estimé être capable de vendre avec grand profit tels ou tels biens ou parties de l'entreprise quitte à sacrifier le fonctionnement de l'opération globale qui n'était guère profitable pour l'instant. Le marché des instruments financiers et ce qui ainsi l'accompagne peut être d'une violence extrême.

De ces nouvelles « activités financières » Villeroy et de Salins donnent, quant à eux, cette définition qui peut rendre service : « Toute transaction portant sur un flux financier (et non sur un échange de biens et services), mettant de plus, généralement, en cause un intermédiaire financier (sans exclure des transactions directes semblables entre entreprises "productives"). La sphère financière regroupe ainsi pratiquement tout ce qui transite par les marchés financiers ou par les intermédiaires financiers. »[35]

L'activité financière, expliquent-ils, ignore les frontières géographiques : « Ceci est le résultat de la plus grande intégration des économies réelles, de progrès technologiques, notamment en matière de communication, et de nécessités subies par les autorités publiques (création des euromarchés au milieu des années soixante) ou souhaitées par elles (mesures vivant à attirer le maximum de capitaux étrangers pour financer des déficits externes). »[36]

Deuxième trait, « l'activité financière se déploie [aujourd'hui] dans un univers très largement déréglementé »[37]. Ceci est l'effet d'un choix, « pour assurer une meilleure allocation des ressources et diminuer les coûts des transactions pour les agents économiques (politique dite de "désintermédiation" – d'élimination d'intermédiaires) – », mais c'est aussi l'effet de la nécessité : « pour prévenir le risque de voir capitaux, opérateurs et transactions se porter vers une place financière "moins farouche" »[38]. Les pays particuliers s'abstiennent de réglementer de crainte que les capitaux ne se déplacent aussitôt vers d'autres qui ne réglementent pas. Ils s'abstiennent de même de taxer les gains du capital pour éviter une semblable évasion. Alors que le travail est fortement taxé, parce qu'il n'est pas très mobile, il est même généralement immobile.

L'activité financière a, de plus, été récemment très innovatrice : on a « bouleversé la netteté des frontières entre fonds propres (actions) et endettement (obligations) ou entre produits de court terme et produits de long terme. Corrélativement à ce mouvement, l'éventail des risques pris par les opérateurs s'est étendu »[39]. Les marchés *à terme* ont connu un remarquable développement. À l'arrière-plan de cette évolution il y a le fait que, dans le cadre de déséquilibres globaux successifs issus des évolutions de l'économie réelle (déficits des paiements américains corrélatifs entre autres de la guerre du Vietnam, chocs pétroliers...), les entreprises et les États ont eu des besoins de financement accrus, alors que le taux d'épargne baissait dans nombre de pays industrialisés. « Ces contextes économiques ont fait exploser les vieux systèmes de financement administrés, cloisonnés, incapables de faire face à l'ampleur des besoins à financer. »[40] Et ce fut aussi le temps de l'avènement d'un système monétaire international à taux de change et d'intérêt très variables : « La sphère financière a alors fourni aux acteurs économiques, et notamment aux entreprises, les moyens techniques de gérer ces incertitudes ». *Préservant* en principe la sphère productive.

La sphère financière vicie pourtant souvent le fonctionnement de l'économie réelle en la détournant de ses finalités vraies. Cela s'est réllement produit, disent nos auteurs, tout en faisant cependant remarquer (indiquant peut-être une trop facile excuse) : « Pour les entreprises, en petit nombre, qui affectent une part croissante de leurs ressources à l'acquisition d'actifs financiers, ces placements s'inscrivent souvent dans le cadre de la préparation d'opérations de croissance externe » (exigées par la concurrence en contexte de mondialisation)[41].

LES EFFETS NÉGATIFS ET DÉMORALISATEURS

Quels problèmes faut-il surtout soulever ? Bien entendu, ceux de la spéculation. Non pas que toute spéculation – tabler ainsi sur l'évolution de telle ou telle valeur dans l'avenir – soit mauvaise ou néfaste. J'en ai parlé tout à l'heure comme d'une technique de garantie et d'assurance dans un univers de grandes variations des taux. Mais nombre de spéculateurs vont au-delà de cela. La spéculation peut avoir, disent Villeroy et de Salins, « trois types d'effets pervers graves »[42]. Un effet corrupteur d'abord, « la matière première de la spéculation (l'argent) envahissant le champ de la conscience individuelle et imposant sa loi, celle de l'enrichissement à tout prix »[43]. Un effet de dissolution des finalités de l'économie, ensuite, car « il peut y avoir une énorme excroissance de la fonction financière dans l'entreprise »[44]. Un effet anesthésiant, enfin, pour les responsables publics comme professionnels en charge de la régulation des activités spéculatives : ils risquent de baisser les bras, tant ils ont l'impression d'être débordés par la mondialisation.

À voir les choses dans leur développement global depuis une trentaine d'années, il faut aussi observer ces effets négatifs *d'ensemble*. Le développement de la sphère financière a influé de plus d'une manière sur la façon dont se répartissent les richesses créees, et pas d'une manière heureuse d'un point de vue social : « Les politiques de déréglementation financière ont, disent Villeroy et de Salins, joué un rôle dans le niveau historiquement très élevé des taux d'intérêt réels en augmentant les primes de risque que le marché, c'est-à-dire les créanciers, fait peser sur les débiteurs. Bien évidemment, le maintien de niveaux aussi élevés de rémunération de l'épargne modifie la composition des revenus au détriment des revenus salariaux, et accentue l'inégalité des patrimoines »[45]. Plus généralement, la globalisation financière, la libération des mouvements de capitaux, les difficultés de résister dans ce contexte à l'établissement d'une logique de dérégulation compétitive entre les différents pays ont rendu inefficaces les politiques de redistribution.

Pour Villeroy et de Salins le développement de la sphère financière (...) « donne au capital une liberté supérieure ».

« Au total, disent nos auteurs, le développement de la sphère financière n'est neutre ni quant à la répartition du pouvoir de décision économique ni quant à celle des richesses : *il donne au capital une liberté supérieure*, par une plus grande mobilité, et le moyen technique d'optimiser ses emplois, tout en lui permettant d'échapper largement aux règles de partage des richesses que se donne chaque société pour atteindre, à sa façon, son bien commun. La tentation de l'"économisme" s'en trouve accrue, la justice sociale peut en être affectée »

Il y a peut-être pire encore, nos auteurs ne l'envisageaient pas encore : quand la bulle financière crève et que s'ensuit une crise des paiements, l'activité économique soudain s'amenuise et un fort chômage s'installe ; dans des pays où il est mal indemnisé, ce sont les populations aux plus faibles revenus qui *paient* – par des années de chômage, des pertes énormes donc, et définitives –. Lorsqu'on aura touché le fond et pourra repartir, ils ne seront, eux, jamais indemnisés.

L'URGENCE DE LA RÉGULATION ET D'ACCORDS ENTRE LES ÉTATS

« L'acceptation des "disciplines" du marché ne signifie pas qu'on doive lui conférer ce qu'on a pu appeler un "privilège d'extra-territorialité éthique"», disent Villeroy et de Salins dans *Le développement de l'activité financière moderne, etc.* que nous citons encore[46]. (L'idée du

« privilège d'extra-territorialité éthique » est, de J. Julliard, *Le génie de la liberté*, Seuil, 1991).

Il faut, d'autre part, bien clairement, faire valoir cette conviction : « que les mécanismes économiques laissent une marge de liberté, de choix, et donc une possibilité d'infléchir le cours des réalités qu'ils régissent »[47] Nous ne sommes pas démunis de moyens. Est cité ici le document de la Commission sociale de l'épiscopat français « Créer et partager » de 1988.

Il est ainsi urgent, et c'est ce qu'on voudrait voir souligner davantage dans la doctrine sociale catholique officielle, de développer une régulation de la sphère financière nouvelle. Au moyen d'accords ou d'organismes internationaux faisant en sorte que certaines opérations ne soient pas entreprises sans des garanties réelles suffisantes, qu'elles ne soient donc pas trop faciles, et que les comportements contrevenant à ces règles soient sanctionnés rapidement. Les moyens de l'électronique peuvent et doivent être mis au service de la régulation comme ils le sont au service des échanges eux-mêmes, voire de la spéculation.

Le problème de la taxation des gains du capital doit lui aussi être mis à l'ordre du jour. Ce ne peut être, à nouveau, que par la voie d'accords internationaux. Il semble d'ailleurs que cela puisse être approché également par le biais de la taxation – au lieu de la seule facilitation – des investissements (ou, directement, de certains investissements matériels), ou de l'énergie, dispensant de toute une part des prélèvements sur les revenus du travail. Rééquilibrage fort utile (en rapport assurément avec une politique, dont je reparlerai, pour rendre facile à un grand nombre de travailleurs de devenir eux-mêmes propriétaires de capital afin que davantage de personnes prennent leur responsabilité dans l'investissement). Il ne faudrait évidemment pas que l'investissement comme tel soit taxé et que l'opération financière transitoire simplement spéculative qui ne mène pas directement à l'investissement ne le soit pas.

Même sans pouvoir développer complètement ces perspectives – et l'Église ne le pourra sans doute elle aussi que progressivement –, nous désignons en tout cas là, conformément aux attentes, l'un des domaines les plus importants, après celui de l'emploi, pour la doctrine sociale de l'avenir.[48]

Notes

1. *Centesimus annus*, 32.
2. *Ibid.*
3. *Ibid.*
4. *Ibid.*
5. *Ibid.*
6. *Ibid.*, 34.
7. *Ibid.*
8. *Ibid.*
9. *Ibid.*
10. *Ibid.*
11. *Ibid.*
12. *Ibid.*
13. *Ibid.*
14. *Ibid.*
15. *Ibid.*, 35.
16. *Quadragesimo anno*, 115.
17. *Ibid.*, 95.
18. *Centesimus annus*, 35.
19. *Ibid.*, 36.
20. *Ibid*
21. *Ibid.*
22. *Ibid.*
23. *Ibid.*, 40.

24. « L'expérience historique de l'Occident montre que, même si l'analyse marxiste de l'aliénation et ses fondements sont faux, l'aliénation avec la perte du sens authentique de l'existence est facilement une réalité dans les sociétés occidentales. On le constate au niveau de la

consommation : l'homme se trouve engagé dans un réseau de satisfactions superficielles et fausses, au lieu d'être aidé à vivre sa personnalité authentique et concrète. Et l'aliénation se retrouve dans le *travail* : quand celui-ci est organisé de manière à ne valoriser que la production et les revenus sans qu'on se soucie de savoir si le travailleur, par son travail, s'épanouit plus ou moins en son humanité, s'il participe à une communauté solidaire, ou bien si s'aggrave au contraire son isolement au sein de relations caractérisées par une compétition extrême et des exclusions réciproques – dans lesquelles il n'est en somme considéré que comme un moyen, et non comme une fin » (*ibid.*, 41).

25. *Ibid.*

26. *Ibid.*, 42.

27. *Ibid.*

28. « Une approche éthique de l'endettement international », Éd. du Cerf, 1987.

29. *Populorum progressio*, 54.

30. *Centesimus annus*, 42.

31. *Gaudium et spes*, 70.

32. *Ibid.*

33. L'étude, de l'année 1994, a pour titre *Le développement moderne des activités financières au regard des exigences éthiques du christianisme* (Éd. du Conseil Pontifical Justice et Paix, Vatican).

34. Un marché financier est un « endroit où s'échangent des anticipations sur le prix des actifs financiers » (*Ibid.*, p. 25)

35. *Ibid.*, p. 14.

36. *Ibid.*, p. 23.

37. *Ibid.*

38. *Ibid.*, p. 24.

39. *Ibid.*

40. *Ibid.*, p. 25.

41. *Ibid.*, p. 26.

42. *Ibid.*, p. 32.

43. *Ibid.*

44. *Ibid.*, p. 33.

45. *Ibid.*, p. 40.

46. *Ibid.* p. 42.

47. *Ibid.*

48. Une importante remarque est d'ailleurs à faire encore, dans la question du libéralisme, c'est que celui qu'on vante aujourd'hui est très incomplet : on tend à refuser aux *personnes* la liberté de circula-

tion qu'on requiert pour les biens et pour les capitaux. Ce qui veut dire que des personnes, des groupes, des nations s'emparent d'énormes rentes *de situation* aux dépens d'autres. Est-il possible en fait d'être fidèles à la « destination universelle des biens », dont l'Église fait le principe premier de sa doctrine sociale, sans favoriser le mouvement des personnes pour accéder plus facilement aux biens ? C'est là assurément ouvrir un vaste champ d'interrogations, mais il est certain que le resserrement du monde contraindra à le faire, et il convient de nous y préparer. Déjà la déclaration des droits de l'homme de l'encyclique *Pacem in terris* de Jean XXIII contient ces termes : « Tout homme a le droit, moyennant des motifs valables, de se rendre à l'étranger et de s'y établir. Jamais l'appartenance à telle ou telle communauté politique ne saurait empêcher qui que ce soi d'être membre de la famille humaine, citoyen de cette communauté universelle où tous les hommes sont rassemblés par des liens communs » (numéro 26). La question du mouvement des personnes est en fait une autre des questions à ne pas omettre dans l'avenir.

Chapitre 5

ROUVRIR LA QUESTION DU CAPITALISME

Rouvrir la question du capitalisme, c'est un autre aspect important des choses. Cela apparaîtra sans doute importun à certains après la chute du communisme et l'échec de son sytème économique... Pourtant, le problème est toujours là, devant nous.

J'ai certes à m'expliquer de sa nature exacte, car beaucoup penseraient que l'Église en a abondamment traité. Au sens strict, ceci n'est pas exact.

IL N'A GUÈRE ÉTÉ QUESTION JUSQU'ICI QUE DU CAPITALISME AVEC QUALIFICATIF

Il a été question de bien des manières, dans la doctrine de l'Église, de la propriété, de sa justification en général, et aussi de l'illégitimité de certaines propriétés. Il a même été question de capitalisme illégitime. C'était toujours, cependant, c'est ce qu'il faut, je crois, faire remarquer, au titre de telle ou telle caractéristique particulière de son fonctionnement. L'Église a mis en garde contre des variétés de la propriété et du capitalisme, elle n'a en revanche pratiquement jamais pris position sur le capitalisme même – celui-ci n'étant évidemment défini aucunement par le seul fait de l'usage de capital, ce qui se retrouve dans toute économie moderne bien entendu, ni par la seule reconnaissance du droit de propriété dans une société, mais par quelque chose de bien plus spécifique : il y a capitalisme là où le capital, ou bien les moyens de production, sont entre les mains de peu de personnes tandis que l'immense majorité des hommes ne peuvent apporter au processus de production que leur travail. Or cette situation, même non accompagnée par un point de vue, une idéologie « économiste » ou matérialiste, de réduction du travail au statut de marchandise, ou de libéralisme extrême, entraîne, nous le verrons, *par elle-même* un grand danger d'injustice et de division sociale. Ne faut-il pas en conséquence travailler à la dépasser ? C'est la question qu'il est indispensable de poser... Même après plus de cent ans d'échec dans la recherche de solutions, elle doit, semble-t-il, être reprise très sérieusement pour l'avenir.

Concrètement, revenons-y d'abord, l'Église a, mille fois si je puis dire, rencontré l'idée de propriétés illégitimes. Il n'y a pas longtemps, sous la plume de Jean-Paul II on a encore lu cette conviction nette et ferme – c'est dans *Centesimus annus* : « La propriété des moyens de production, tant dans le domaine industriel qu'agricole est juste et légitime si elle permet un travail utile. Au contraire elle devient *illégitime* quand le bien n'est pas mis en valeur, ou quand on empêche par cette propriété le travail des autres, en vue d'obtenir un gain qui ne provient pas du développement d'ensemble du travail et de la richesse sociale mais plutôt de leur limitation, de l'exploitation illicite, de la spéculation ou de la rupture de la solidarité dans le monde du travail. Ce type de propriété n'a aucune justification et constitue un abus devant Dieu et devant les hommes ! »[1]

Plus récemment, au début de 1998, le document du Conseil pontifical Justice et paix intitulé *Pour une meilleure répartition de la terre* est venu dire : « Le latifundium est intrinsèquement illégitime ». Le latifundium est ainsi défini : « Grande propriété foncière aux resssources habituellement sous-utilisées, appartenant souvent à un propriétaire qui n'y réside pas, qui emploie des salariés et utilise des technologies agricoles dépassées ». Cette affirmation prolongeant des prises de position déjà fort nettes du Concile Vatican II en la matière.[2]

À l'arrière-plan de telles déclarations, il y a, d'autre part, la prise de position décisive de Pie XII en 1941 : la propriété est une institution importante, seconde néanmoins et subordonnée par rapport au droit de tout homme d'user des biens de ce monde : « Tout homme, en tant qu'être vivant doué de raison, tient de la nature le droit fondamental d'user des biens matériels de la terre... Un tel droit individuel ne saurait jamais être annulé, pas même par d'autres droits certains et reconnus sur des biens matériels. L'ordre naturel venant de Dieu requiert ainsi aussi la propriété privée et la liberté de commerce réciproque des biens par échanges et donations, comme en outre la fonction régulatrice du pouvoir public sur l'une et l'autre de ces institutions. Tout cela, néanmoins, reste subordonné à la fin naturelle des biens, et ne saurait se faire indépendamment du droit premier et fondamental qui en concède l'usage à tous »[3]

Et il faut encore remarquer que les déclarations de l'Église sur la propriété ont singulièrement évolué dans le temps : pendant longtemps on attestait le droit « de » propriété, on proclame beaucoup plus volontiers désormais, dans un contexte de droits de l'homme, le droit de tout homme « à » la propriété, qui fait contester plutôt que corroborer la situation définie tout à l'heure comme le capitalisme : cette contestation n'est toutefois guère encore explicitée dans nos documents.

Le « capitalisme » comme tel a été fort souvent discuté, et en bien des sens condamné peut-on dire, mais toujours, comme je l'ai annoncé, sous un angle spécifique, affecté de l'un ou l'autre qualificatif. Pour ne parler que du pape Jean-Paul II, il faut relever, dans son encyclique *Laborem exercens*, la dénonciation du premier capitalisme, capitalisme « primitif », capitalisme « sauvage ». Il ne s'agit pas purement et simplement de la situation que j'ai tout à l'heure précisée comme capitaliste, mais de cette situation accompagnée d'une certaine vision du monde, d'une idéologie, propre dans une certaine époque, dit Jean-Paul II, à des propriétaires de biens de production. « Les travailleurs mettaient leurs forces à la disposition du groupe des entrepreneurs et ceux-ci, guidés par le principe du plus grand profit, cherchaient à maintenir le salaire le plus bas possible pour le travail exécuté par les ouvriers... Le conflit qui en résultait, interprété par certains comme un conflit socio-économique à caractère de classes, a trouvé son expression dans le conflit *idéologique* entre le libéralisme, entendu comme idéologie du capitalisme, et le marxisme... »[4]. La capital a été opposé au travail en vertu d'un événement « dans la pensée humaine », l'erreur de l'« économisme », « qui consiste à considérer le travail humain exlusivement sous le rapport de sa finalité économique ». Erreur de l'« économisme » qui est en réalité celle du « matérialisme », « en ce sens que l'économisme comporte, directement ou indirectement la conviction du primat et de la supériorité de ce qui est matériel »[5] C'est cette vision du monde, cette « erreur de pensée » qui est tout au long en cause, chez Jean-Paul II. Elle a eu une forme déterminée, dit-il, « dans la période du capitalisme et du libéralisme primiifs », elle peut se reproduire, ajoute-t-il, « si dans le raisonnement on part des mêmes prémisses tant théoriques que pratiques ». Elle n'est toutefois pas dite intrinsèque à la situation capitaliste.

Jean-Paul II a adopté une attitude complexe, à l'endroit du « capitalisme ».

Aussi bien, dans *Centesimus annus*, un peu plus tard, Jean-Paul II a adopté, comme on le sait déjà, une attitude complexe, à l'endroit du « capitalisme ». Je dirai que, lorsqu'il emploie ce terme de manière critique, quand il parle d'un capitalisme « inacceptable », il vise à nouveau un capitalisme avec qualificatif spécifique : en pratique le capitalisme « libéral », ou exagérément « libéral », un capitalisme dans lequel le marché est appliqué à toute chose, même à des biens et à des besoins qui ne devraient pas en relever, et, à nouveau, un capitalisme dans lequel le travail en particulier est traité comme une marchandise. Dans un premier passage récapitulatif il dit alors, je l'ai déjà noté plus haut, contrairement à ceux qui croient le jour de gloire tout simplement arrivé pour le modèle capitaliste : « On ne peut accepter l'affirmation selon laquelle la défaite du 'socialisme réel', comme on l'appelait, fait place au seul modèle capitaliste d'organisation économique. Il faut en effet rompre les barrières et les monopoles qui maintiennent de nombreux peuples en marge du développement, assurer à tous les individus et à toutes les nations les conditions élémentaires leur permettant de participer au développement »[6]. Et la tâche est considérable : « L'objectif requiert des efforts concertés et responsables de la part de toute la communauté internationale. Il convient que les pays les plus puissants sachent donner aux plus pauvres des possibilités d'insertion dans la vie internationale et que les pays les plus démunis sachent saisir ces possibilités, en consentant les efforts et les sacrifices nécessaires, en assurant la stabilité de leur organisation politique et de leur économie, la sûreté dans leurs perspectives d'avenir, l'augmentation du niveau des compétences de leurs travailleurs, la formation de dirigeants d'entreprises efficaces et conscients de leurs responsabilités »[7]. Le capitalisme n'est donc pas facilement quitte. Le pape ne s'en prend cependant pas directement, semble-t-il, à la situation même d'inégalité sur laquelle je cherche à attirer l'attention.

Reprenant la question plus loin dans l'encyclique, il définit un type de capitalisme « acceptable ». Non sans conditions, faut-il remarquer : c'est « un système économique reconnaissant le rôle fondamental et positif de l'entreprise, du marché, de la propriété privée et de la responsabilité que celle-ci implique quant aux moyens de production, de la libre créativité dans l'économie »[8]. Rien n'est certes dit là d'une distribution ou autre de la propriété des moyens de production. On peut se demander s'il s'agit du capitalisme au sens précis du terme.

Au contraire, dit ensuite le pape, « si par "capitalisme" on entend un système où la liberté économique n'est pas encadrée par un contexte juridique ferme la mettant au service de la liberté humaine intégrale et la considèrant comme une dimension particulière de cette dernière, dont l'axe est d'ordre éthique et religieux, alors la réponse est nettement négative (le capitalisme est inacceptable) »[9]... Mais la question est à nouveau celle du libéralisme (et non pas du capitalisme – de la répartition de la propriété du capital) : question d'une liberté encadrée, correctement régulée, ou au contraire sans règle.

Au fond donc, de la question de l'inégalité typiquement capitaliste comme telle l'Église n'a jamais parlé très directement, et si elle a attribué des maux au capitalisme, c'est au capitalisme affecté d'une interprétation, d'une « erreur de pensée », d'une idéologie, économiste ou matérialiste, libérale aussi. Même, à lire Jean-Paul II, dans le dernier passage cité au moins, il semblerait que la situation capitaliste ne peut présenter de difficulté si les hommes agissent avec responsabilité et dans un « cadre » de droit conforme à l'éthique. La question de cette situation en elle-même n'est pas posée, elle n'est pas explicitée. Et l'Église, faut-il ajouter, n'est nullement seule dans cette manière d'aborder le problème. C'est au libéralisme que l'on s'en prend le plus souvent, alors que le libéralisme n'aurait pas la même portée, n'aurait évidemment pas le même inconvénient, s'il n'y avait pas la situation inégale de capitalisme au sens précis du terme.

Il vaut certes la peine de se souvenir à cet égard du point de vue de Paul VI sur le libre échange qui conduit à penser dans une autre direction : « Les avantages de la règle de libre-échange (du libéralisme en somme) sont, disait-il, évidents quand les partenaires ne se trouvent pas en conditions trop inégales de puissance économique : elle est un stimulant au progrès et récompense l'effort, c'est pourquoi les pays industriellement développés y voient une loi de justice (entre eux). Mais il n'en est plus de même quand les conditions deviennent trop inégales de pays à pays : les prix qui se forment "librement" sur le marché peuvent (alors) entraîner des résultats iniques. »[10]

LE PROBLÈME

Il semble, précisément, et c'est le point sur lequel l'Église devrait, je pense, attirer l'attention, qu'il y a un constant problème social, du moins une constante menace, non pas en raison de la liberté, mais parce que se maintient la situation d'inégalité désignée couramment comme le capitalisme – car encore une fois celui-ci n'est pas le seul fait de l'emploi de capital et n'est pas non plus le seul fait de l'existence du droit de propriété (à moins qu'on ne suppose que le droit de propriété en général entraîne automatiquement la situation capitaliste). Et il faut faire face à *ce* problème (et pas seulement à celui du libéralisme illimité).

D'où vient la difficulté ? C'est ce qu'il faut maintenant préciser.

Le capitalisme est, et est seulement le fait que la propriété du capital est en peu de mains.

Le capitalisme est, et est seulement, le fait que la propriété du capital est en peu de mains tandis que le plus grand nombre des gens n'ont à apporter à la production économique que leur travail. Et ceci s'avère problématique parce que le capital est naturellement puissant, attire à lui le revenu, qui lui permet de croître et de s'accumuler. Le travail est au contraire plus faible, même si divers travailleurs s'associent, et doit finalement s'exercer aux conditions qu'imposent les détenteurs du capital. Même peu nombreux, ces derniers l'emportent constamment dans l'échange social.

Précisons encore. Le capital se présente facilement en grande quantité, rien ne limite la masse de capital que peut détenir une personne. Le détenteur de capital met celui-ci à la disposition de la production mais n'est jamais tenu de le faire dans un délai quelconque. Il peut attendre l'occasion favorable sans tomber pour cela dans la pénurie, encore moins dans la misère. Le capital n'est guère proche de la personne, en ce sens que s'il est fruit du travail, il l'est plutôt du travail d'autrui que du sien propre, et que la personne n'en dépend pas ou n'en dépend qu'assez relativement pour sa subsistance immédiate ou prochaine.

Le travail, par comparaison, est très personnel, prolongement en vérité de la personne dans le plus intime d'elle-même, son œuvre, dans laquelle elle s'exprime, et le moyen de sa propre formation. Celui qui n'a que son travail à apporter à la production en dépend aussi pour sa subsistance personnelle, sinon de manière tout à fait immédiate s'il a quelques réserves, du moins de manière prochaine, il ne peut vivre longtemps sans travailler. Sa situation est donc de grande précarité. Le travail est précaire et fragile encore en ce sens que, non mis en œuvre aujourd'hui, parce que l'occasion en aura manqué, il est irrémédiablement perdu, il ne peut être mis en réserve pour demain (sauf dans quelques rattrapages, fort limités, d'heures ou de jours de travail), il s'est en somme évanoui. Le détenteur du travail peut, en outre, rarement imposer ses conditions, le contrat dans le cadre duquel il va travailler dépend beaucoup plus du détenteur ou du représentant du capital que de lui. Bien des effets de la situation du travailleur peuvent être atténués par le moyen de l'association des travailleurs, solidaires entre eux pour ne pas accepter de conditions de travail moins favorables. Mais cette association est difficile à constamment maintenir, elle est plus faible en somme elle-même que la coagulation du capital accumulé, voire l'alliance de divers détenteurs de capital dont les intérêts sont communs. L'association des travailleurs s'étend difficilement aux chômeurs, qui font en réalité pression sur leur niveau de rémunération. Il faudrait que le travail soit extrêmement rare pour qu'il soit puissant mais c'est précisément, en dehors de quelques travaux très spéciaux, contraire à l'hypothèse, le capitalisme étant l'existence d'un grand nombre de personnes qui ne disposent que de travail en face d'un petit nombre de détenteurs du capital.

Comment s'est constituée une telle situation ? Il n'y a sans doute pas de réponse générale. On peut cependant estimer que des inégalités, naturelles en somme, du type le plus divers, existant entre les hommes, suffisent pour qu'une fois qu'elles se traduisent en inégalité de détention de capital – du fait qu'il a commencé à y avoir du capital grâce à un progrès scientifique et technique signifiant –, cette dernière inégalité se mette à produire tous les effets ci-dessus évoqués. D'un côté, une part de revenu considérable revient au détenteur de capital, qui n'en a pas un besoin immédiat pour vivre, surtout s'il vit déjà dans la facilité : il l'accumule aisément et est à même de s'imposer plus fortement dans l'échange social. De l'autre côté, le travailleur, qui n'est pas forcément dans la pénurie ou la misère, ne parvient, lui, guère à accumuler, sort donc difficilement de sa condition de dépendance ; les aléas de la vie le font bien plus facilement tomber dans la pénurie ; si le travail lui fait défaut, il y tombe plus facilement encore.

Fatalité du seul monde moderne ? se demandera-t-on peut-être. Sans doute pas, faut-il répondre, où plutôt il y a eu dans le passé des formes diverses de cette inégalité. Le capital n'a pas toujours été fait d'outils pour la production, il a été longtemps constitué de terres, dont étaient semblablement privés nombre d'hommes ne disposant que de leur force de travail.

Destin malheureux de l'humanité, en conséquence ? Ce n'est pas non plus exact, car les hommes ont toujours eu la possibilité de réagir, s'ils le voulaient, contre cette inégalité et ses effets, en tout cas contre l'excès de cette inégalité et de ses effets. Si au contraire, on laisse aller les choses, si chacun vit par la seule norme de son intérêt immédiat sans avoir égard aux autres, l'enchaînement est en effet fatal, limité par les seules coalitions qui peuvent tenter de le contrecarrer. Des sociétés ont existé où la propriété, de la terre en tout cas, était commune ou communale, les effets essentiels connus sous le nom de capitalisme étaient exclus. Ce n'est plus possible, dira-t-on, quand une occasion d'exploitation beaucoup plus productive de la terre ou des autres moyens de production se présente. L'homme résiste à son égoïsme quand le gain possible est encore limité – et qu'il y a un notable avantage à être solidaire –, il ne résisterait plus au contraire quand un plus grand gain est possible, l'appétit deviendrait irrésistible (plutôt que comblé). La tentation deviendrait plus forte en tout cas... Mais il n'est pas de raison de laisser se dérouler de tels processus.

Ne faites-vous pas fi, diront d'autres, du progrès que permet cette inégalité : surtout de la pression exercée sur le travailleur qui, sans cela, ne produirait que peu, ne tirerait pas tout le possible des instruments de travail ? L'inégalité capitaliste n'est-elle pas facteur de grand progrès ? De progrès matériel en tout cas, et de tout ce qu'il permet ensuite, voire pour le travailleur lui-même. Or, il ne fait pas de doute que la nécessité est, dans certaine mesure, une stimulation. Pas sans limites, certes, les camps de travail l'ont démontré et bien d'autres situations de moindre cruauté le démontrent elles-mêmes. Mais, qu'est-ce qui donne en tout cas à certains hommes le droit de faire peser la nécessité et sa stimulation sur d'autres ? Surtout, le hasard, la chance d'une accumulation matérielle antécédente, dans laquelle on n'a eu aucun mérite, peut-il constituer un tel droit ? Et est-il au pouvoir d'un père, au titre de la paternité, de constituer pour son fils un tel droit *sur autrui ?*

Même si l'on ne sait pas justifier ce droit ou ce privilège du ou des détenteur(s) du capital par rapport aux autres hommes, on dira peut-être qu'en tout cas, le XIXe siècle et surtout le XXe ont essayé bien en vain de faire sortir l'humanité de cette situation insatisfaisante. Ils ont provoqué plus de maux encore qu'il n'en dérive de l'inégalité capitaliste... On pense ici particulièrement à la révolution bolchevik et à son système d'étatisation des moyens de production. Le pape Jean-Paul II a écrit – qui le contredirait ? – : « Le simple fait de retirer les moyens de production (le capital) des mains de leurs propriétaires privés ne suffit pas à les socialiser de manière satisfaisante. Ils cessent d'être la propriété d'un certain groupe social, les propriétaires privés, pour devenir la propriété de la société organisée, passant ainsi sous l'administration et le contrôle direct d'un autre groupe de personnes qui, sans en avoir la propriété mais en vertu du pouvoir qu'elles exercent dans la société, disposent d'eux à l'échelle de l'économie nationale tout entière, ou à celle de l'économie locale. Ce groupe dirigeant et responsable peut s'acquitter de ses tâches de façon satisfaisante du point de vue du primat du travail, mais il peut aussi s'en acquitter mal, en revendiquant en même temps pour lui-même le monopole de l'administration et de la disposition des moyens de production, ne s'arrêtant même pas devant l'offense aux droits fondamentaux de l'homme. Ainsi le fait que les moyens de production deviennent la propriété de l'État dans le système collectiviste ne signifie pas par lui-même que cette propriété est "socialisée". »[11]

« Que les moyens de production deviennent la propriété de l'État ne signifie pas par lui-même que cette propriété est "socialisée". »

Le texte du pape est prudent pourtant. Il n'exclut pas que les dirigeants auraient pu se comporter autrement qu'en maîtres tout-puissants. Là non plus donc, il n'est pas de fatalité. Mais l'expérience a été faite du grand danger d'une telle domination en cas de remise de la propriété des moyens de production à l'État, comme elle a été faite du danger de division sociale provenant de l'inégalité capitaliste. L'on ne peut pas ne pas en tenir compte. D'autant qu'on aurait dû être toujours attentif au danger de la remise des moyens de production à un pouvoir non pas quelconque, mais spécifiquement *politique*. En raison en effet des intérêts supérieurs de la communauté précisément politique dont il a la charge, le pouvoir qui s'y exerce est armé de moyens de coercition même physique qu'il peut dans certaines appliquer aux personnes. Il est dangereux que l'occasion lui soit donnée d'en user dans la sphère de la vie économique ordinaire.

L'échec de cette tentative – l'échec aussi de nationalisations effectuées en contexte moins complètement monopolitisque mais de peu d'efficacité en bien des cas – n'innocente néanmoins pas l'inégalité capitaliste, ou le capitalisme « inégal », des maux sociaux que facilement il engendre : qu'il n'engendre pas lui non plus de manière absolument automatique, mais qu'il engendre avec une assez grande probabilité pour qu'on ne puisse pas s'en satisfaire.

La thèse capitaliste modérée est qu'il suffit de pallier les *conséquences*, les plus lourdes surtout, du système en imposant au capital diverses charges sociales directes et en prélevant sur lui ou sur son revenu le moyen de compenser les inégalités subséquentes qu'il entraîne et de remédier à la division autrement inévitable. À noter que c'est actuellement la position pratique de maints sociaux-démocrates ou socialistes, qui ont renoncé à toute recherche de meilleur système de propriété. Une première raison cependant de ne pas se contenter de cette attitude, c'est qu'il en toujours insatisfaisant, en général, de pallier seulement des conséquences sans s'attaquer aux causes.

Il est difficile de s'arrêter de chercher des solutions meilleures quant à la propriété du capital que le capitalisme « inégal » bien connu.

Une seconde raison, plus importante, est que l'on ne songe guère, dans l'hypothèse évoquée, qu'à des palliatifs du genre revenu *monétaire* de compensation (de rattrapage) : or c'est dans sa dignité même, dans son autonomie humaine, que le travailleur est blessé ; il est privé de la possibilité de prendre en mains tout une part de son destin propre. Pour cette raison plus encore que pour la première, il est difficile en fait de s'arrêter de chercher des solutions meilleures quant à la propriété du capital que le capitalisme « inégal » bien connu. Et c'est ceci que l'Église va être obligée de dire, de plus en plus nettement, dans sa doctrine sociale, si elle ne veut pas laisser dans l'insatisfaction de l'accomodement avec un système qui ne cesse en fait de perturber la convivance sociale.

« LA SUBJECTIVITÉ À RESPECTER DANS LA SOCIALISATION »

Ce n'est pas qu'elle puisse offrir des solutions simples, et pas davantage des solutions généralisables d'un seul coup. Mais elle peut, d'abord, encourager à la recherche, quand tant d'hommes se sont résignés. Ensuite, il vaut la peine de développer ce que le pape Jean-Paul II a lui-même déjà évoqué dans son encyclique *Laborem exercens*. Il y a en effet critiqué, nous l'avons vu, une socialisation qui n'en est pas vraiment une, puisque c'est un nouveau monopole sur l'ensemble des biens (biens de production en particulier). Mais il a dit en même temps, qu'il faut trouver une forme de propriété orientée vers le service au travail : « Les biens de production ne sauraient être possédés contre le travail, et ils ne peuvent pas non plus être possédés pour posséder, parce que l'unique titre légitime à leur possession – et cela aussi bien sous la forme de la propriété privée que sous celle de la propriété publique ou collective – est qu'ils servent au travail et que, servant au travail, ils rendent possible la réalisation du premier principe de cet ordre de choses qu'est la destination universelle des biens et le droit à leur usage commun. »[12]

En second lieu, s'il a un jugement positif sur la propriété privée, au nom d'un argument « personnaliste », explique-t-il, s'appuyant sur Thomas d'Aquin[13], Jean-Paul II dit en même temps : « Du point de vue de la destination des biens de production au travail, en considération du travail humain et de l'accès commun aux biens destinés à l'homme, on ne peut pas d'autre part exclure la socialisation, sous les conditions qui conviennent, de certains moyens de production »[14]. Et quelle serait une socialisation satisfaisante ? C'est, répond le pape, celle dans laquelle « *la subjectivité de la société est assurée* » c'est-à-dire, poursuit-il, dans laquelle « chacun, du fait de son travail, a un titre plénier à se considérer en même temps comme co-propriétaire du grand chantier de travail dans lequel il s'engage avec tous »[15]. Que chaque personne donc vraiment participe.

Jean-Paul II fait ensuite cette hypothèse : « Une des voies pour parvenir à cet objectif pourrait être d'associer le travail, dans la mesure du possible, à la propriété du capital, et de donner vie à une série de corps intermédiaires à finalités économique, sociale et culturelle : ces corps jouiraient d'une autonomie effective vis-à-vis des pouvoirs publics ; ils poursuivraient leurs objectifs spécifiques en entretenant entre eux des rapports de loyale collaboration et en se soumettant aux exigences du bien commun, ils revêtiraient la forme et auraient la substance d'une communauté vivante. Ainsi leurs membres respectifs seraient-ils considérés et traités comme des personnes et stimulés à prendre une part active à leur vie »[16]. On a ici l'écho de la question de dignité que nous disions tout à l'heure fondamentale. Et, en bref, Jean-Paul II considèrerait comme très acceptable, là où elle est souhaitable, la socialisation qui donnerait toute cette place à la subjectivité de la société, c'est-à-dire de chacun.

Comment faire ? se demande-t-on certes encore alors. Ce n'est en effet nullement simple et il n'est pas possible de répondre péremptoirement. Il est sûr en tout cas que la question demeure ouverte, et que la recherche est nécessaire, aux yeux de Jean-Paul II,... même en notre temps de glorification sans apparent mélange de la seule propriété privée (et sans mise en question de sa distribution).

Il y a d'autres manières cependant, aussi, de progresser dans la réponse. Par exemple, s'il est vrai que la propriété coopérative n'est pas adaptée à toute production – elle a des limites, tout particulièrement, quand il est besoin de recourir au marché financier pour tel ou tel développement nécessaire –, elle n'en est pas moins adaptée à nombre d'activités, surtout de service de la personne à la personne, qui requièrent peu de capital : or celles-ci se développeront beaucoup demain. Elle sera sans doute mieux adaptée à l'avenir qu'elle ne l'a été hier, en tout cas récemment.

On doit aussi concevoir des mesures destinées à rapprocher d'une certaine égalité de départ, ou à effectuer de périodiques « remises à l'heure des pendules » : des répartitions de parts de capital, dans l'entreprise ou au-delà, permettant à un bien plus grand nombre d'hommes d'être détenteurs de capital, d'avoir donc part à l'exercice du pouvoir que cela représente. Un certain capitalisme populaire, qu'a par exemple encouragé Mme Thatcher peut, à certaines conditions, aller dans cette direction. Les fonds de pension, propriété des travailleurs, également : on sait qu'ils sont puissants sur les marchés. Le grand problème est, dans ces directions, que la détention du capital ne soit pas anonymisée au point que les détenteurs n'exercent en rien leur responsabilité. Ils ne peuvent sans doute l'exercer à la manière des très gros détenteurs d'actions. Ils pourraient toutefois le faire de manière réelle, s'y intéressant véritablement, en se syndiquant pour cet exercice. Il y a déjà des exemples de cette syndicalisation pour une finalité particulière, par exemple la syndicalisation d'investisseurs « moraux », surveillant les entreprises, intervenant dans leurs assemblées générales, pour éviter au moins certaines productions, pour en favoriser d'autres, et retirant leurs fonds d'entreprises aux pratiques sociales contraires à la dignité. Tout cela ne fait sans doute que commencer. L'Église peut, et doit, je pense, en encourager le développement.

Elle doit surtout inviter d'abord à rouvrir ainsi une question, qu'on ferme trop souvent en raison des déboires du siècle, en oubliant qu'on ne la ferme pas sans se résigner à une large marge d'injustice sociale. Il est capital de ne pas reculer devant ce grand chantier, l'un des plus importants que nous avions à évoquer.

Notes

1. *Centesimus annus*, 43.
2. *Gaudium et spes*, 71.
3. Radiomessage de Pentecôte 1941, 12.
4. *Laborem exercens*, 11.
5. *Ibid.*, 13.
6. *Centesiumus annus*, 36 (?).
7. *Ibid.*
8. *Ibid.*, 42.
9. *Ibid.*
10. *Populorum progressio*, 58.
11. *Laborem exercens*, 14.
12. *Ibid.*
13. *Ibid.*, 15.
14. *Ibid.*, 14.
15. *Ibid.*
16. *Ibid.*

Chapitre 6

DROITS DE L'HOMME ET DÉMOCRATIE

Sur plus d'un point jusqu'ici, nous avons rencontré la nécessité de réguler, ou réglementer, et encore encadrer « juridiquement » des comportements, même des libertés : soumettre telle liberté concrète à une liberté supérieure, en pratique une loi supérieure. Ceci implique un grand problème : quelle loi ? S'entend-on aujourd'hui sur une loi ?

On est renvoyé, à ce sujet, d'abord au problème des droits de l'homme et de leur définition, puis à celui de la démocratie en sa forme contemporaine, à propos duquel Jean-Paul II s'est heurté ces dernières années à l'opinion de beaucoup. Il y a ainsi de graves questions à nouveau, sous cet angle, à reprendre pour l'avenir, dans la doctrine sociale de l'Église. C'est notre quatrième point.

DROITS DE L'HOMME : NOUVEAUX PROBLÈMES

Pendant tout un temps, on aurait dit, sans presque la moindre hésitation : la loi supérieure consiste dans les droits de l'homme, compris comme supérieurs en effet à toute loi ou décision positive, intangibles, cadre de référence pour toute organisation concrète des libertés. Il en allait de même aux yeux de l'Église, de l'Église contemporaine en tout cas. L'Église avait renâclé devant les droits de l'homme au XIXe siècle, redoutant qu'on les comprenne de manière libertaire, c'est-à-dire comme absence en fait de toute règle pour l'homme, renvoi au bon plaisir de chacun. Au XXe siècle, surtout en sa seconde moitié, l'Église avait pu au contraire y adhérer sans hésitation : il semblait qu'ils étaient compris en général comme vraie règle pour l'homme. On y voyait de plus la règle suprême pour la démocratie. Quant à l'Église, ceci s'était produit spécialement avec Jean XXIII et son encyclique *Pacem in terris* et avec le Concile Vatican II.

Plus d'une question a rebondi, pourtant, avec les efforts mêmes entrepris de diverses manières pour préciser le contenu et l'extension des droits de l'homme. On se souvient sans doute des débats de la Conférence des Nations Unies à Vienne en 1993. Plus récemment, de nouvelles escarmouches ont eu lieu avec tel ou tel pays d'Asie sur l'universalité de ces droits. Bien des problèmes sont aussi suscités en monde musulman. Et on peut dire que l'Église a, pour sa part, contribué aussi, par ses prises de position, sous Jean-Paul II, à faire apparaître que la liste des droits de l'homme ou le contenu de tel ou tel d'entre eux n'est pas l'objet d'un consensus tout à fait universel.

SUR LEUR PRIMAUTÉ ET LEUR UNIVERSALITÉ, EN PRINCIPE PAS DE DOUTE

Jean-Paul II a certes confirmé la primauté des droits de l'homme. C'est d'abord vrai dans *Redemptor hominis*, son encyclique inaugurale (en 1979), qu'il faut ici citer. Puis, la question a été reprise par lui en maints autres contextes. Comme Jean XXIII naguère dans *Pacem in terris*, Jean-Paul II se réfère, dans *Redemptor hominis*, simultanément à l'histoire de la violation des droits de l'homme et au réveil de la conscience, signifié entre autres par la Déclaration universelle de 1948 : « Notre siècle a été jusqu'ici, dit-il, un siècle de grands désastres pour l'homme, de grandes dévastations, non seulement matérielles, mais encore morales, peut-être surtout morales. Les hommes se sont préparé à eux-mêmes beaucoup d'injustices et de souffrances. Ce processus a-t-il été vraiment freiné ? On ne peut, en tout cas, s'empêcher de rappeler, avec des sentiments de reconnaissance pour le passé, et de profonde espérance pour l'avenir, le magnifique effort accompli pour donner vie à l'Organisation des Nations Unies, effort tendant à définir et à garantir les droits objectifs inviolables de l'homme en obligeant les États membres à une rigoureuse observation de ces droits, avec réciprocité. Cet engagement a été accepté et ratifié par presque tous les États existants, et ceci devrait constituer une garantie que les droits de l'homme deviennent dans le monde entier un principe fondamental des efforts en direction du bien de l'homme. »[1]

L'Église, souligne le pape, a participé à la lutte contre les violations totalitaires.

Jean-Paul II dit, de plus : « Nous nourrissons la conviction qu'il n'y a aujourd'hui dans le monde aucun programme qui, même avec des idéologies opposées quant à la conception du monde, ne mette l'homme au premier plan. »[2] Il est surtout clair qu'il y a, pour lui, un rôle fondamental des droits de l'homme face aux totalitarismes, comme Pie XII, naguère, invoquait, de son côté, la démocratie, la possibilité d'intervention du peuple, contre ces totalitarismes, contre les décisions arbitraires des pouvoirs : « Dès la première moitié de ce siècle, rappelle Jean-Paul II, se développaient divers totalitarismes d'État qui – on ne le sait que trop – conduisirent à l'horrible catastrophe de la guerre... Ces régimes agissaient apparemment pour un bien supérieur, à savoir celui de l'État, alors que l'histoire devait démontrer qu'il s'agissait seulement de celui d'un parti déterminé qui s'identifiait avec l'État. En réalité, ces régimes avaient réduit les droits des citoyens, en refusant de leur reconnaître ces droits inviolables de l'homme qui, plus tard, au milieu du siècle, furent enfin solennellement formulés au plan international. »[3] L'Église, souligne le pape, a participé à la lutte contre les violations totalitaires.

Il ne manque pas aujourd'hui encore, ajoute-t-il (c'est en 1979), de cas où « un pouvoir est imposé par un groupe particulier à tous les membres de la société » et agit en violation des droits des hommes ». Le principe est néanmoins clair : « Le devoir fondamental du pouvoir est de prendre soin du bien commun de la société ; de là dérivent ses droits fondamentaux. Au nom de ces prémisses, tirées de l'ordre éthique objectif, les droits du pouvoir ne peuvent être compris que sur la base du respect des droits objectifs et inviolables de l'homme. Et le bien commun que l'autorité doit servir, dans l'État, ne trouve sa pleine réalisation que lorsque tous les citoyens sont assurés de leurs droits. »[4]

L'*universalité* des droits de l'homme est, elle aussi, une conviction profonde, pour l'Église. Elle « découle du fait que les hommes participent de la même nature », disait Mgr Tauran, chargé des « Affaires publiques » à la Secrétairerie d'État du Saint Siège, à la Conférence de Vienne de 1993. « Il y a ainsi un bien commun universel, poursuivait-il, et c'est pourquoi il existe une Déclaration universelle des droits de l'homme. » Il y a place pour des protections des droits de l'homme organisées régionalement (comme il y en a dans le Conseil de l'Europe par exemple) : il faut cependant, disait Mgr Tauran, une « organisation universelle de la promotion et de la défense des droits fondamentaux de l'homme ». Bien des problèmes se posent en effet, touchant l'autodétermination, les minorités, le droits humanitaire, qui ne trouvent de vraie solutions qu'au-dela des États particuliers, « en écartant une manière surannée d'exercer la souveraineté nationale », faisant au contraire toute sa place à la responsabilité solidaire de toute la communauté internationale.

LE PROBLÈME D'UNE COMMUNE INTERPRÉTATION NÉANMOINS ROUVERT

Dès 1979 cependant, Jean-Paul II n'est pas aussi assuré que semblait l'être Jean XXIII d'une commune interprétation de tous les droits de l'homme. Leur « déclaration » donne-t-elle toute la garantie qu'elle semble offrir ? Ce n'est pas sûr. « L'Église, consciente, dit-il, que la "lettre" seule peut tuer tandis que "l'esprit donne la vie", doit s'unir à tous les hommes de bonne volonté pour qu'on se demande sans cesse si la Déclaration des droits de l'homme et l'acceptation de sa "lettre" signifient bien partout également la réalisation de son "esprit". »[5]

Jean-Paul II entreprend, d'autre part, pour son compte, un certain classement des droits qui n'est pas du goût de tous. Il y a, pour lui, une liberté *première*, la liberté religieuse. Chez Jean XXIII, la liste commençait par : « Tout être humain a droit à la vie, à l'intégrité physique, aux moyens nécessaires et suffisants pour une existence humaine. » Puis : « Il a droit au respect de sa personne, à sa bonne réputation, à la liberté dans la recherche de la vérité, dans l'expression et la diffusion de la pensée... ». Après cela seulement, venait : « Tout homme a le droit d'honorer Dieu suivant la règle de sa conscience et de professer sa religion, dans la vie publique et privée »[6]. Jean-Paul II commence, au contraire, dans *Redemptor hominis*, par ces mots : « Parmi ces droits, on compte à juste titre le droit à la liberté religieuse, à côté du droit à la liberté de conscience. »[7] Or le pape est certainement suivi par tous, ou par le plus grand nombre, quand il dit : « La limitation de la liberté religieuse et sa violation... sont une injustice radicale affectant ce qui est particulièrement profond en l'homme, ce qui est authentiquement humain. »[8] Mais son insistance peut commencer à paraître excessive à quelques-uns quand il ajoute : « La réalisation de ce droit (de liberté religieuse) est l'un des tests *fondamentaux* pour vérifier le progrès authentique de l'homme en tout régime, en toute société... »[9]

Il a parlé aussi des droits de l'homme et spécialement de la liberté religieuse de façon plus polémique que Jean XXIII naguère, qui énonçait, lui, plutôt tranquillement tous ces droits et libertés. Il s'est dressé en *défenseur* des droits, et d'abord de la liberté religieuse : *luttant* pour eux. La liberté religieuse est bafouée, a-t-il insisté. Par les régimes communistes très spécialement[10]. « En vertu de ma charge, concluait-il en 1979, je désire, au nom de tous les croyants du monde entier, m'adresser à ceux dont dépend de quelque manière l'organisation de la vie sociale et publique, en leur demandant instamment de respecter les droits de la religion et l'activité de l'Église. On ne demande aucun privilège mais le respect d'un droit élémentaire. »[11]

Et il a souvent repris ce thème... Entre autres dans une fameuse « méditation », ou supplique, très émouvante, sur les persécutions contemporaines, lors de son voyage à Lourdes le 14 août 1983[12].

Il est vrai qu'il y a équivalence pour lui entre la liberté religieuse et le droit de la *conscience*. Ou bien, le respect de cette dernière est aussi critère et fondement de toute autre liberté, en particulier politique. On ne peut donc accuser Jean-Paul II d'une préférence pour la liberté religieuse qui serait de l'ordre d'un intérêt. Il est dit largement, dans *Centesimus annus*, en 1991 : « Dans les régimes totalitaires et autoritaires, on a poussé à l'extrême le principe de la prépondérance de la force sur la raison. L'homme a été contraint d'accepter une conception de la réalité imposée par la force et non acquise par l'effort de sa raison et l'exercice de sa liberté. Il faut inverser ce principe et reconnaître intégralement le droit de la conscience humaine, celle-ci ne pouvant être obligée que par la vérité, naturelle et révélée. C'est dans la reconnaissance de ce droit que se trouve le fondement premier de tout ordre politique authentiquement libre. »[13]

Plus loin, au sujet de l'actualité, il est ajouté : « Dans certains pays apparaissent de nouvelles formes de fondamentalisme religieux, qui, de façon voilée ou même ouvertement, refusent aux citoyens qui ont une foi différente de celle de la majorité le plein exercice de leurs droits civils ou religieux, les empêchent de participer au débat culturel, restreignent le droit qu'a l'Église de prêcher l'Évangile et le droit qu'ont les hommes d'accueillir la parole qu'ils ont entendu prêcher et de se convertir au Christ. Aucun progrès authentique n'est possible sans respect du droit naturel élémentaire de connaître la vérité et de vivre selon la vérité. »[14] C'est toujours le droit de la conscience qui est revendiqué.

Et on peut également, faire remarquer que Jean-Paul II a donné presque autant de prix au droit de travailler et aux droits des travailleurs, liés à « priorité du travail » magnifiquement exprimée dans *Laborem exercens* : si donc le pape est intervenu en défenseur de la liberté religieuse, il est intervenu tout autant en défenseur du travail, source de droits pour le travailleur, dans le contexte de « l'ensemble des droits de l'homme »[15]. Il y a ici, spécialement, selon lui, le droit à une « juste rémunération »[16] qui est, dit-il, « le problème-*clé* de l'éthique sociale ». Il y a aussi le droit d'association des travailleurs, droit de former des syndicats[17]. Et il faut ajouter le droit de la personne handicapée à ne pas être victime de discrimination : la « discrimination que peuvent exercer les gens forts et sains contre les faibles et les malades »[18].

Mais il est un autre droit, haut placé selon Jean-Paul II, sur lequel il a vigoureusement marqué une *différence* avec d'autres interprétations : c'est le droit à la vie depuis la conception : l'un de ceux pour lesquels il a lutté de manière constante et insistante, surtout dans les dernières années, sans craindre de contredire. « Parmi les principaux droits de l'homme, dit-il au tout début d'une brève liste de droits dans *Centesimus annus*, il faut rappeler le droit à la vie, dont fait partie intégrante le droit de grandir dans le sein de sa mère après la conception »[19]. Il y est revenu très solennellement, ensuite, dans son encyclique sur la vie, *Evangelium vitae*, en 1995, parlant de « droit... pratiquement dénié et violé » en bien des cas, « spécialement à ces moments les plus significatifs de l'existence que sont la naissance et la mort ».[20]

Il est un droit sur lequel Jean-Paul II a vigoureusement marqué une différence avec d'autres interprétations : le droit à la vie depuis la conception.

QUE FAIRE ?

Il n'est pas possible, faut-il insister, en bien des sociétés contemporaines, de trouver actuellement un consensus sur la question du droit à la vie dès la conception... Et ceci surtout fait que la belle unanimité touchant les droits de l'homme naguère n'est plus complète.

L'Église n'en est évidemment pas plus responsable que ceux qui sont d'un autre avis qu'elle. Elle doit, cependant, je crois, et c'est à quoi je pense pour l'avenir, contribuer vigoureusement à ce qu'on ne capitule pas : à ce qu'on maintienne l'idéal de droits de l'homme que la raison peut en principe découvrir et même préciser. C'est si l'on renonçait à cet espoir qu'on perdrait confiance dans les droits de l'homme... L'Église doit tout faire, pour sa part, à l'encontre de cette perspective.

Peut-être faudra-t-il certes pour cela qu'elle distingue mieux qu'elle ne le fait couramment aujourd'hui entre la question de la reconnaissance du droit en lui-même – s'agissant du droit à la vie depuis la conception –, et celle de la manière pour la société de se comporter en présence des atteintes à ce droit (la loi civile ne pouvant pas toujours, même en matière grave, recouvrir toute la loi morale). J'avance cette proposition avec hésitation, sachant l'importance d'un tel droit, qui n'appartient réellement qu'à son titulaire. On peut admettre, en tout cas, qu'il y a matière ici à rechercher, et que la doctrine sociale de l'Église, soucieuse de l'unité d'interprétation des droits de l'homme, ne pourra se désintéresser du problème.

LA QUESTION DE LA PEINE DE MORT

Un accord universel n'est, il est vrai, pas encore réalisé non plus dans le monde, faut-il le faire remarquer, en matière de peine de mort. Par exemple, bien des citoyens des États-Unis, très sensibles aux droits de l'homme en général, ne voient pas dans la peine de mort une violation de ces droits.

Le Saint-Siège a, de son côté, marqué de l'hésitation. Le *Catéchisme de l'Église universelle* acceptait clairement, il y a sept ans, la peine de mort en certains cas, comme une légitime défense. Puis, le cardinal Ratzinger, préfet de la Congrégation pour la doctrine de la foi, a annoncé que cette position pourrait, voire devrait être révisée. Elle ne le fut pas entièrement dans une nouvelle édition publiée en 1998. Mais, dans un discours prononcé fin 1998, le pape a pris enfin une position franchement abolitionniste.

Un très grand nombre d'épiscopats catholiques dans le monde s'étaient déjà prononcés clairement contre la peine de mort. On peut espérer que la position de l'Église du moins deviendra ainsi bientôt tout à fait claire.

DÉMOCRATIE ET VÉRITÉ

La question du droit à la vie dès sa conception très spécialement a, d'autre part, ramené, en pratique, à des questions sur la démocratie, redevenues elles aussi brûlantes. Il a semblé en effet à Jean-Paul II que nombre de gens estiment qu'une question comme celle du droit de la vie depuis la conception peut dépendre d'un vote parlementaire, ou de la volonté d'une partie de la population, fût-ce la majorité. Et il s'en est vivement inquiété. Peut-on admettre, s'est-il demandé, qu'une question de ce genre se décide aux voix ? Ou plutôt, il a affirmé clairement qu'elle ne peut se décider ainsi. Ceci rouvrant plus d'une question sur certaines pratiques ou certaines conceptions de la démocratie, qui paraissait, elle aussi, il n'y a pas longtemps, comme hors de toute controverse.

Il est vrai que Pie XII, le premier parmi les papes modernes qui s'est rallié fermement à la démocratie, fortement louée par lui en 1944, a eu d'elle une conception presque seulement défensive, y voyant le moyen d'une sauvegarde des peuples contre les entreprises de pouvoirs injustes : si un peuple a et garde la possibilité d'intervenir – c'est là le propre de la démocratie ainsi entendue –, il pourra réagir aux décisions folles et néfastes des gouvernants. Y compris, fallait-il sous-entendre, aux décisions folles de pouvoirs comme ceux de Hitler ou de Mussolini, institués par le suffrage universel. Mais, en général, la démocratie a traditionnellement reposé sur le présupposé d'une loi supérieure, les droits de l'homme, ou quelques autres principes intangibles posés semblablement à la base de la société[21]. « *These truths we hold* » (ces vérités que nous tenons), disait aux États-Unis le Père John Courtney-Murray qui en faisait le titre d'un important ouvrage de conviction. (Le Père Courtney-Murray est connu pour avoir été l'un des principaux artisans de la déclaration du Concile Vatican II sur la liberté religieuse).

Jean XXIII a, pour sa part, puissamment aidé à ancrer la démocratie dans les droits de l'homme, à la relier expressément à eux. Il ne comprenait assurément pas les droits de l'homme de manière instrumentale, comme pour protéger la démocratie contre elle-même, car les droits de l'homme tiennent *en* et *par* eux-mêmes justement, sont premiers par rapport à toute institution et décision. Mais il était certain à ses yeux que si les droits de l'homme sont une règle suprême, ils le sont d'abord pour la démocratie. La vie politique consiste en définitive, disait-il, dans la réalisation et comme l'échange mutuel de la réalisation des droits et des devoirs de chacun : et c'est ainsi qu'elle est démocratie.

Les problèmes renaissent assurément quand on insiste sur la procédure de décision majoritaire, jusqu'à en faire parfois l'essentiel. C'est le moins mauvais des systèmes de décision, dit-on parfois, sachant qu'il en faut un. Mais on sait qu'il n'assure jusqu'au bout ni la participation de tous, ni le respect du droit des minorités... très proche des droits « de l'homme » s'il n'en fait pas expressément partie. La supériorité des droits de l'homme risque donc d'être entamée.

Aujourd'hui, on tend en pratique à réduire la démocratie à la procédure démocratique.

Aujourd'hui, dirai-je, cette supériorité n'est pas discutée en principe, mais faute de confiance en la possibilité d'un consensus fondamental, on tend en pratique à réduire la démocratie à la procédure démocratique, entendue comme le débat ouvert, à travers lequel on s'efforce de découvrir une solution pratique à tout problème qui se présente, sans se soumettre, estiment certains, à rien d'autre que le débat..., le concluant cependant si besoin est par la décision majoritaire.

CHEZ JEAN-PAUL II

Quelques-uns vont plus loin, auxquels a fait allusion Jean-Paul II, prônant le relativisme et le scepticisme, l'absence de conviction arrêtée, comme la meilleure garantie de la démocratie... Il vaut la peine de noter que, même en 1991, quand l'enthousiasme n'est pas moins grand pour la démocratie que pour le capitalisme libéral, Jean-Paul II a fait remarquer que ce qui compte plus que tout en politique, c'est l'« État de droit »[22]. « À l'époque moderne, dit-il, contre la conception de l'État de droit s'est dressé le totalitarisme qui, dans sa forme marxiste-léniniste (par exemple), considère que certains hommes, en vertu d'une connaissance plus approfondie des lois du développement de la société, ou à cause de leur appartenance particulière de classe et de leur proximité aux sources les plus vives de la conscience collective, sont exempts d'erreur, peuvent donc s'arroger un pouvoir absolu. »[23]Annonçant des développements ultérieurs, Jean-Paul II poursuit : « Le totalitarisme naît de la négation d'une vérité objective : s'il n'existe pas de vérité transcendante, par l'obéissance à laquelle l'homme acquiert sa pleine identité, il n'existe aucun principe sûr pour garantir des rapports justes entre les hommes. Leurs intérêts de classe, de groupe ou de nation les opposent inévitablement les uns et les autres. Si la vérité transcendante n'est pas reconnue, la force triomphe, et chacun tend à utiliser jusqu'au bout les moyens dont il dispose pour faire prévaloir ses intérêts ou ses opinions sans considération pour les droits des autres. Alors, l'homme n'est respecté que dans la mesure où il est possible de l'utiliser aux fins d'une prépondérance égoïste. Il faut donc situer la racine du totalitarisme moderne dans la négation de la dignité transcendante de la personne humaine, image visible du Dieu invisible et, précisément pour cela, de par sa nature même, sujet de droits que personne n'a droit de violer, ni individu, ni groupe, ni classe, ni nation, ni État »[24]. Mais « la majorité d'un corps social ne peut pas non plus violer cette dignité, ajoute Jean-Paul II, en se dressant contre une minorité pour la marginaliser, l'opprimer, l'exploiter, ou tenter de l'anéantir. »[25] Le principe de l'« État de droit » c'est ainsi la reconnaissance qu'il y a quelque chose de supérieur à toutes les volontés particulières, aux idéologies particulières, aux intérêts particuliers, selon quelque procédure que ce soit : une vérité.

Après cela seulement, Jean-Paul II parlait – en 1991 – de la démocratie. Pour marquer certes, nettement, qu'elle est sortie victorieuse des événements récents. Et pour dire que l'Église attache du prix, un grand prix, à la démocratie : « L'Église apprécie le système démocratique comme celui qui assure la participation des citoyens aux choix politiques et garantit aux gouvernés la possibilité de choisir et contrôler leurs gouvernants, ou de les remplacer de manière pacifique lorsque cela s'avère opportun. »[26]Jean-Paul II reproduisait ici exactement l'enseignement de Vatican II : « Il est pleinement conforme à la nature de l'homme que l'on trouve des structures juridico-politiques offrant sans cesse davantage à tous les citoyens, sans aucune discrimination, la possibilité effective de prendre part, librement et activement, tant à l'établissement des fondements juridiques de la communauté politique qu'à la gestion des affaires publiques, à la détermination du champ d'action et des buts des différents organes, et à l'élection des gouvernants. »[27] La déclaration de Vatican II reposant, de son côté, sur des propos de même sens de Pie XII et de Jean XXIII[28].

Très vite, cependant, Jean-Paul II en arrivait, dès *Centesimus annus*, à des propos restrictifs, témoignant de son inquiétude. « L'Église ne peut approuver, disait-il d'abord, la constitution de groupes dirigeants restreints qui usurpent le pouvoir de l'État au profit de leurs intérêts particuliers ou à des fins idéologiques ». Première déformation de la démocratie donc : son usurpation en réalité. Surtout, Jean-Paul II revenait en somme en arrière, disant : « Une démocratie authentique n'est possible que dans un *État de droit*, et sur la base d'une conception correcte de la personne humaine. »[29] Il affirmait ainsi à nouveau la primauté de l'État de droit, et du respect des droits de l'homme : et on pouvait avoir l'impression que la démocratie est tout de même bien subordonnée.

Il explicitait ensuite son sentiment que certains aujourd'hui n'acceptent pas cette primauté et ont de la démocratie une conception purement procédurale, qui la met au-dessus de tout. Même, disait-il, comme je l'ai fait pressentir tout à l'heure, « on tend à affirmer que l'agnosticisme et le relativisme sceptique représentent la philosophie et l'attitude fondamentale accordées aux formes démocratiques de vie politique, et que ceux qui sont convaincus de connaître la vérité et qui lui donnent une ferme adhésion ne sont pas dignes de confiance du point de vue démocratique, parce qu'eux n'acceptent pas que la vérité soit déterminée par la majorité, ou bien qu'elle varie selon les équilibres politiques »[30].

« On tend à affirmer... », dit le pape. Ne devrait-il pas dire plutôt que *certains* tendent à affirmer cela ? Mais la vue que le pape a de la réalité se fait indiscutablement ici assez sombre. Sa réponse, ensuite, est celle-ci : « S'il n'existe aucune vérité dernière qui guide et oriente l'action politique, les idées et les convictions peuvent être facilement exploitées au profit du pouvoir [...]. Une démocratie sans valeurs se transforme facilement en un totalitarisme déclaré ou sournois, comme le montre l'histoire »[31] Et la même préoccupation, renforcée encore, se rencontre dans *Evangelium vitae* en 1995 : « *Beaucoup* considèrent, est-il dit cette fois, que le relativisme (éthique) est une condition de la démocratie, parce que seul il garantirait la tolérance, le respect mutuel des personnes »[32]. Voire « seul il garantirait l'adhésion aux décisions de la majorité ». Sous-entendu : on ne peut pas compter sur une semblable adhésion de la part de qui se réfère aussi à d'autres règles de comportement, individuelles ou collectives. « Des normes morales, tenues pour objectives et sources d'obligation, conduiraient à l'autoritarisme et à l'intolérance. »[33]

Le pape dit alors que nombre de crimes ont été commis au nom de la « vérité » (au nom de pseudo-vérités sans doute mais aussi au nom de la vérité même...).

Mais, ajoute-t-il, « au nom du “relativisme éthique” on a également commis et on commet des crimes non moins graves et des dénis non moins radicaux de la liberté »[34]. Encore une fois, il redoute particulièrement que l'on juge de la moralité par la majorité des voix. « Les crimes cesseraient-ils d'être des crimes si, au lieu d'être commis par des tyrans sans scrupules, ils étaient légitimés par l'assentiment populaire ? »[35] La démocratie ne deviendrait-elle pas alors tyrannique elle-même ? dit-il. Dans le cas du moins où l'on fait dépendre quelque chose d'aussi important que le droit à la vie d'un vote parlementaire. « Alors, dit Jean-Paul II, la démocratie, en dépit de ses principes, s'achemine vers un totalitarisme caractérisé. L'État n'est plus la “maison commune” où tous peuvent vivre selon les principes de l'égalité fondamentale mais il se transforme en État tyran, qui prétend pouvoir disposer de la vie des plus faibles et des êtres sans défense, depuis l'enfant non encore né jusqu'au vieillard, au nom d'une utilité publique qui n'est rien d'autre, en réalité, que l'intérêt de quelques-uns. »[36]

La question qui nous intéresse est surtout dans ce propos : « Si l'on observe aujourd'hui un consensus presque universel sur la valeur de la démocratie, il faut considérer cela comme un “signe des temps” positif... Mais la démocratie a du prix, ou au contraire périclite, selon qu'elle incarne et promeut, ou non, les valeurs authentiques : sont fondamentaux et indispensables la dignité de toute personne humaine, le respect de ses droits intangibles et inaliénables, ainsi que la reconnaissance du “bien commun” comme fin et comme critère régulateur de la vie politique. Le fondement de ces valeurs n'est pas dans des “majorités” d'opinion provisoires et fluctuantes mais seulement dans la reconnaissance d'une loi morale objective, “loi naturelle” inscrite dans le cœur de l'homme, qui est à ce titre une référence normative pour la loi civile même. Si, par un tragique obscurcissement de la conscience collective, le scepticisme en venait à mettre en doute jusqu'aux principes fondamentaux de la loi morale, le système démocratique lui-même serait ébranlé dans ses fondements, réduit à un simple mécanisme de régulation empirique d'intérêts divers opposés entre eux. »[37]

Ce « système » n'aurait-il pas au moins un rôle de paix sociale, interroge Jean-Paul II, fût-ce sans le respect des principes ?[38] « Tout en reconnaissant quelque vérité dans cette opinion, répond-il, il est difficile de ne pas voir que, sans un ancrage moral objectif, la démocratie elle-même ne peut pas assurer une paix stable, d'autant plus qu'une paix qui n'est pas fondée sur les valeurs de la dignité de tout homme et de la solidarité entre tous les hommes reste souvent illusoire. Même dans les régimes de participation, en effet, la régulation des intérêts se produit fréquemment au bénéfice des plus forts, car ils sont les plus capables d'agir non seulement sur les leviers du pouvoir mais encore sur la formation du consensus. Dans une telle situation, la démocratie devient aisément un mot creux »[39]

LIBERTÉ ET VÉRITÉ

On voit combien la question proéoccupe le pape, mais elle n'est pas clairement résolue... Il me semble, dans cet ensemble, qu'il sera tout particulièrement nécessaire de revenir sur le débat concernant liberté et vérité selon *Centesimus annus*. On ne peut pas dire qu'il y ait sur ce point un silence dans la doctrine sociale de l'Église catholique, mais il y a un degré d'obscurité, et une clarification sera bienvenue. Le pape a associé étroitement les termes démocratie et vérité : nous percevons que cela n'est sans doute pas possible avec tout sens du mot vérité. Des précisions semblent à apporter.

Comment éviter de succomber à une trop mécanique procédure de vote majoritaire ou inversement à l'écrasement d'autrui au nom d'une vérité ?

Il faut éviter de succomber, dirai-je, à une trop mécanique procédure de vote majoritaire. Mais comment ne pas succomber non plus à l'écrasement d'autrui au nom d'une vérité ? Il est possible de reprendre la question en repartant du raisonnement de Jean-Paul II lui-même en 1991, raisonnement complexe et « dialectique » peut-on dire.

Le premier point est en effet celui-ci : « L'Église n'ignore pas le danger du fanatisme, ou fondamentalisme, de ceux qui, au nom d'une idéologie, qui se prétend soit scientifique soit religieuse, estiment pouvoir imposer aux autres hommes leur conception de la vérité et du bien. La vérité chrétienne n'est pas de cette nature. N'étant pas une idéologie, la foi chrétienne ne cherche nullement à enfermer dans le cadre d'un modèle rigide la changeante réalité sociale et politique et elle admet que la vie de l'homme se réalise dans l'histoire de manières diverses et imparfaites. »[40] En conséquence, « l'Église, réaffirmant constamment la dignité transcendante de la personne, adopte comme règle d'action le respect de la *liberté* »[41]. Ceci est lié à son anthropologie fondamentale. Et c'est fort significatif à côté de la méfiance que l'Église peut aussi avoir pour le décrochage de la liberté d'avec la vérité.

Deuxième point cependant : la liberté n'est pleinement mise en valeur que par l'accueil de la *vérité* : « Dans un monde sans vérité la liberté perd sa consistance, et l'homme est soumis à la violence des passions et à des conditionnements apparents ou occultes. Le chrétien, lui, vit la liberté (cf. Jn 8, 31-32) et il se met au service d'elle, [en même temps] il propose constamment, en fonction de la nature missionnaire de sa vocation, la vérité qu'il a découverte. Dans le dialogue avec les autres, attentif à tout élément de la vérité qu'il découvre dans l'expérience de la vie et de la culture des personnes et des nations, il ne renonce pas à affirmer tout ce que sa foi et un sain exercice de la raison lui ont fait connaître. »[42] On voit, dans ces phrases, avec quelle modération et respect d'autrui la proclamation de la vérité reconnue s'impose.

Jean-Paul II indique ensuite, troisième point, qu'il compte les « droits de l'homme » parmi les repères – de vérité – suffisamment reconnus aujourd'hui. C'est ici, il est vrai, que les choses se compliquent, le pape signalant, qu'il y a néanmoins problème sur *certains*. Il s'agit à nouveau, c'est clair, de l'affirmation de l'inviolabilité de l'être humain dès la conception. En 1991, le pape ne semble pas tirer de ce désaccord des conséquences aussi radicales qu'en 1995 dans *Evangelium vitae.* N'empêche que c'est de cela qu'il s'agit déjà quand il parle de vérité antérieure à toute délibération démocratique.

En 1995 même, il faut le noter, le débat demeure inachevé, car si Jean-Paul II ne reconnaît pas de légitimité à une décision du seul fait qu'elle s'appuie sur une majorité, il ne revient pas pour autant sur le principe du respect de la liberté dans l'organisation de la vie sociale – respect de la liberté qui peut sans doute imposer la recherche d'imparfaits compromis, en vue de la paix... Il va être capital, je pense, de remettre en un plus grand ordre ces divers points de vue, qui en partie se heurtent, et laissent une certaine impression de malaise.

DES PRÉCISIONS À FOURNIR

Que dire surtout ? Il faut certainement faire valoir, comme l'a fait Jean-Paul II, mais bien expliquer, que le vote majoritaire n'est pas le moyen de décider toute chose : il est normal que les hommes s'entendent comme ils le font souvent sur l'utilisation de cette procédure pour décider de nombreuses choses pratiques, mais il n'est pas normal d'étendre cette utilisation à des questions très fondamentales, divers droits de l'homme ou des interprétations importantes de ceux-ci, questions dans lesquelles la conviction personnelle et la conscience sont profondément engagées. En des questions de ce genre, ou bien il existe un suffisant consensus, et c'est de cette manière que se maintiennent pour l'essentiel les déclarations des droits de l'homme ou des autres principes fondamentaux sur lesquels repose la vie des communautés politiques ; ou bien il n'existe pas de tel consensus, il faut alors trouver, par une entente sur le minimum, un *modus vivendi* permettant de ne violenter la conscience de personne, de respecter assez celle d'autrui.

La vérité est primordiale, d'autre part, et la communauté politique doit s'instituer sous la vérité. Mais l'adhésion à la vérité ne se commande en personne : « La vérité ne s'impose que par la force de la vérité elle-même qui pénètre l'esprit avec autant de douceur que de puissance », a dit naguère le Concile Vatican II, et Jean-Paul II a répété ce propos. Il y a, en pratique, selon les communautés, une plus ou moins ample série de choses tenues pour vraies à la base de la convivance. C'est inévitablement variable. Il y a en revanche, toujours, un minimum, qui est à la base de l'idée même de débat démocratique : autrui doit être respecté dans sa conscience et sa liberté fondamentale, autrui a une valeur et une dignité égales aux miennes ; même, nul n'existe sans autrui ainsi reconnu. Autrement dit, contrairement à certains pragmatismes exacerbés, qui n'ont pas de fondement à proposer, la démocratie comme procédure, vraiment prise au sérieux, est *déjà*, elle, une vie *sous une vérité*. Il importe d'insister sur *cette* vérité, inhérente au politique – inscrite dans la reconnaissance politique fondamentale –, sans exiger forcément une tellement plus ample communauté de reconnaissance de la vérité. Et probablement y a-t-il, dans cette voie, la possibilité d'une entente entre beaucoup d'hommes, sur quoi fonder la démocratie : entente suffisante pour le politique, même si elle ne s'étend pas au-delà. Minimum certes toujours requis. Il serait intéressant que l'Église le précise.

On doit aussi souligner l'enracinement de la démocratie dans la reconnaissance politique fondamentale, et la primauté de cette reconnaissance. Il faut admettre qu'il y a des cas de démocratie décomposée, où les citoyens ne se font plus entre eux la confiance minimale : le politique doit alors *recommencer* par de premières démarches, pas très démocratiques encore, à savoir des compromis initiaux de coexistence, presque des armistices, d'élémentaires cessations d'hostilité. Il faut, en tel cas, s'atteler d'abord à ces tâches, sans forcément parler encore de démocratie.

Dernier point : même dans la démocratie plus développée, reposant sur plus de confiance entre les citoyens, sur davantage de communauté dans la vérité (dans un certain lot de vérités), il faut souvent préférer à la décision majoritaire la décision « par consensus ». J'emploie cette fois le mot en un sens relativement technique, pour signifier la procédure souvent employée dans les organisations internationales, surtout dans leurs commissions. Le président, chargé de mener la délibération, s'efforce d'éviter qu'une majorité tranche, voire brutalise, laissant de côté des minorités, éventuellement insatisfaites, il travaille plutôt à faciliter les compromis. Quand il pense que sur telle ou telle formule les points de vue ont déjà été suffisamment rapprochés, il ne demande pas qui s'y retrouve tout à fait et pleinement, mais s'il y a encore quelqu'un qui mettrait un veto absolu, qui ne pourrait vivre d'aucune façon avec la solution proposée. S'il en est encore, on reprend l'effort pour tenir compte de ce qui ne peut vraiment pas être abandonné par tel ou tel (tels ou tels). On recommence, autant de fois qu'il est nécessaire. Vient le moment où la proposition est *non-opposed*, nul ne dit plus qu'il ne peut d'aucune manière vivre avec elle. Il est bon que, du moins pour des questions graves, pouvant mettre en cause la conscience, on procède ainsi dans les commissions parlementaires, voire dans les parlements, en définitive entre tous les hommes. Et l'Église devrait, je pense, favoriser de tels développements, non comme un pis-aller, mais comme l'une des meilleures règles de la démocratie, démocratie assurément concrète, telle qu'elle est instituable en pratique.

Même dans la démocratie plus développée, il faut souvent préférer à la décision majoritaire la décision « par consensus ».

Ces précisions seraient d'une grande utilité pour faire disparaître le soupçon qui s'est développé ces dernières années, parfois certes contre l'abus, mais parfois en définitive contre la démocratie même. La question vaut donc vraiment d'être reprise. Même, elle doit absolument l'être.

Notes

1. *Redemptor hominis*, 17.

2. *Ibid.*, 2.

3. *Ibid.*, 17, 5.

4. *Ibid.*, 17, 7.

5. *Ibid.*, 17, 5.

6. *Pacem in terris*, 11, 12, 14.

7. *Redemptor hominis*, 17.

8. « Il est difficile, même d'un point de vue "purement humain", ajoutait-il, d'accepter une position selon laquelle l'athéisme a droit de cité dans la vie publique et sociale tandis que les croyants, comme par principe, sont à peine tolérés, ou encore traités comme citoyens de "catégorie" inférieure et finalement – c'est arrivé – privés totalement de leurs droits de citoyens » (*Ibid.*). Affirmation qui emporte certainement aussi, aujourd'hui du moins, une adhésion quasi universelle.

9. *Ibid.*

10. *Redemptor hominis*, 8.

11. *Ibid.*, 9.

12. En voici le texte : « Les persécutions pour la foi sont parfois semblables aujourd'hui à celles que le martyrologe de l'Église a déjà écrites dans les siècles passés. Elles prennent diverses formes de discrimination des croyants, et de toute la communauté de l'Église. Ces formes de discrimination sont parfois appliquées en même temps qu'est reconnu le droit à la liberté religieuse, à la liberté de conscience, et cela aussi bien dans la législation des divers États que dans les documents de caractère international. »

« Faut-il préciser ? Dans les persécutions des premiers siècles, les peines habituelles étaient la mort, la déportation et l'exil. Aujourd'hui, à la prison, aux camps d'internement ou de travail forcé, à l'expulsion de sa propre patrie, se sont ajoutées d'autres peines moins remarquées, mais plus subtiles : non pas la mort sanglante, mais une sorte de mort civile ; non seulement la ségrégation dans une prison ou un camp, mais la restriction permanente de la liberté personnelle ou la discrimination sociale. Il y a aujourd'hui des centaines et des centaines de milliers de témoins de la foi, très souvent ignorés ou oubliés de l'opinion publique, dont l'attention est absorbée par les faits divers ; ils ne sont souvent connus que de Dieu seul. Ils supportent des privations quotidiennes, dans les régions les plus diverses de chaque continent. Il s'agit de croyants contraints à se réunir clandestinement parce que leur communauté religieuse n'est pas autorisée. Il s'agit d'évêques, de prêtres, de religieux auxquels il est interdit d'exercer le saint ministère dans des églises ou dans des réunions publiques. Il s'agit de religieuses dispersées, qui ne peuvent mener leur vie consacrée. Il s'agit de jeunes gens généreux, empêchés d'entrer dans un séminaire ou dans un lieu de formation religieuse pour y réaliser leur propre vocation. Il s'agit de jeunes filles auxquelles on ne donne pas la possibilité de se consacrer dans une vie commune vouée à la prière et à la charité envers les frères. Il s'agit de parents qui se voient refuser la possibilité d'assurer à leurs enfants une éducation inspirée par leur foi »

« Il s'agit d'hommes et de femmes, travailleurs manuels, intellectuels ou exerçant d'autres professions, qui, pour le simple fait de professer leur foi, affrontent le risque de se voir privés d'un avenir intéressant pour leur carrière ou leurs études. Ces témoignages s'ajoutent aux situations graves et douloureuses des prisonniers, des internés, des exilés, non seulement chez les fidèles catholiques et les autres chrétiens, mais aussi chez d'autres croyants ».

13. *Centesimus annus*, 19.

14. *Ibid.*

15. *Laborem exercens*, 16.

16. *Ibid.*, 19.

17. *Ibid.*, 20.

18. *Ibid.*, 22.

19. *Centesimus annus*, 47. Jean-Paul II énonce ensuite : le droit à la famille ; le droit à la recherche et à la connaissance de la vérité ; le droit de participer à la mise en valeur des biens de la terre ; et bien entendu, primant sur les autres à nouveau, la liberté religieuse, « droit de vivre dans la vérité de sa foi ».

20. *Evangelium vitae*, 18.

21. Car on n'en était plus à l'idée rousseauiste irréaliste de la démocratie dans laquelle chacun s'est d'abord dépouillé de tout intérêt, de toute passion propre, voire de toute particularité pour qu'émerge – unanimement même, semblerait-il – la volonté générale toute rationnelle.

22. *Centesimus annus*, 44.

23. *Ibid.*

24. *Ibid.*

25. *Ibid.*

26. *Ibid.*, 46.

27. *Gaudium et spes*, 75.

28. De Jean XXIII en particulier : « La participation à la vie publique (l'intervention de chacun en elle), disait celui-ci, ouvre aux être humains de nouvelles et vastes possibilités de services à rendre. Incités à multiplier les contrats et les échanges avec leurs administrés, les dirigeants comprennent mieux les exigences objectives du bien commun ; par ailleurs le renouvellement périodique des titulaires des charges publiques préserve l'autorité de tout vieillissement et lui procure comme un regain de vitalité en harmonie avec l'avance de la société » (*Pacem in terris*, 74.)

29. *Centesimus annus*, 46.

30. *Ibid.*

31. *Ibid.*

32. *Evangelium vitae*, 70.

33. *Ibid.*

34. *Ibid.*

35. *Ibid.*

36. *Ibid.*, 20.

37. *Ibid.*

38. « Certains, dit Jean-Paul II, pourraient penser que, faute de mieux, son rôle doit être apprécié en fonction de son utilité au moins pour la paix sociale » (*Evangelium vitae, ibid.*).

39. *Ibid.*

40. *Centesimus annus*, 46.

41. *Ibid.*

42. *Ibid.*

Chapitre 7

ET QU'EST-CE QUE LA DOCTRINE SOCIALE MÊME ?

Nous avons d'une certaine manière achevé. D'une autre manière pourtant, nous n'avons fait que commencer, car il faut encore préciser la *nature* de la doctrine sociale de l'Église catholique, ou plutôt constater qu'elle est devenue quelque peu incertaine récemment, au temps de Jean-Paul II.

Paradoxalement, elle est devenue incertaine en tendant à devenir plus certaine, mieux fondée, qu'elle ne l'était naguère. De ceci, je vais d'abord m'expliquer. Je reprendrai ainsi les problèmes – déjà touchés au début de ce livre – de la période qui précède le Concile Vatican II et de celle qui le suit. J'examinerai ensuite l'effort de Jean-Paul II pour répondre aux questions posées. J'en viendrai à celles qui néanmoins demeurent, à la suite de ses prises de position en des contextes multiples.

LA DOCTRINE SOCIALE DEVENUE EXPRESSÉMENT THÉOLOGIQUE

La doctrine sociale de l'Église a traditionnellement été de nature plutôt philosophique – Léon XIII ne l'avait-il pas nommée « philosophie chrétienne » ?-. Bien entendu, elle avait comme présupposé dernier le message chrétien, la foi en Dieu et en Jésus-Christ, mais elle se déployait volontiers en propositions de « droit naturel », présentées comme telles. On affirmait seulement, en plus, le pouvoir de l'Église d'énoncer ce droit naturel avec autorité. Ou bien, selon les mots de Pie XI dans *Quadragesimo anno*, l'Église avait, disait-on, compétence dès lors que des questions économiques par exemple comportaient une dimension éthique, morale.

Les protestants reprochaient aux catholiques une doctrine sociale de droit naturel, superposée à l'Évangile, sans garantie d'Évangile.

L'Écriture sainte était citée, mais peu fréquemment, dans les documents de la doctrine sociale de l'Église. Les protestants reprochaient aux catholiques cette doctrine sociale de droit naturel, superposée en quelque sorte à l'Évangile, sans garantie d'Évangile.

Revenons à la présentation de la « doctrine sociale » même – les mots sont cette fois employés – dans *Quadragesimo anno*, l'encyclique de Pie XI en 1931. Pie XI affirmait dans cette encyclique, « son droit et son devoir de se prononcer avec une souveraine autorité sur les problèmes sociaux et économiques »[1] et il l'expliquait ainsi : l'Église n'intervient pas « dans le domaine technique, à l'égard duquel elle est dépourvue de moyens appropriés et de compétence », mais « en tout ce qui touche à la loi morale ». Ici, Dieu lui a confié « de promulguer, d'interpréter et de prêcher en dépit de tout ». Sur la « loi morale » l'Église a barre, de par la volonté de Dieu. Mais il n'était pas dit qu'il s'agisse de « *théologie* morale ». Et on ne peut pas dire que le détour de l'anthropologie chrétienne fût très explicitement honoré.

La suite de l'explication tenait en ceci – et il y avait toujours peu de chose sur la révélation chrétienne – : « S'il est vrai que la science économique et la discipline des mœurs relèvent, chacune dans sa sphère, de principes propres, il y aurait néanmoins erreur à affirmer que l'ordre économique et l'ordre moral sont si éloignés l'un de l'autre, si étrangers l'un à l'autre, que le premier ne dépend en aucune manière du second. »[2] La loi morale ordonne entre elles les fins. Elle subordonne de plus toutes les fins particulières à la « fin suprême et dernière ». « Du fidèle accomplissement de cette loi (morale), il résultera que tous les buts particuliers poursuivis dans le domaine économique, soit par les individus, soit par la société, s'harmoniseront parfaitement dans l'ordre universel des fins et nous aideront efficacement à arriver comme par degrés au terme suprême de toutes choses, Dieu, qui est pour Lui-même et pour nous le souverain et l'inépuisable bien »[3]. Il y a ici une référence théologique, référence à « Dieu », mais bien abstraite en vérité. Quand Pie XI entre, ensuite, « dans le détail des questions », pour parler de propriété, capital et travail, relèvement du prolétariat, juste salaire, il ne fait plus du tout pour ainsi dire mémoire de la révélation chrétienne : il n'y a, semble-t-il, plus place que pour un développement de la pensée rationnel, pour des propositions « de droit naturel », selon le vocabulaire consacré... Nous sommes très loin de cela, assurément, avec Jean-Paul II, se mouvant, lui, dans une atmosphère explicitement « théologique ». Et le progrès est considérable, en réponse à l'objection protestante.

L'encyclique *Pacem in terris* de Jean XXIII avait représenté, un sommet, vingt ans plus tôt, dans la pratique traditionnelle : les droits de l'homme y étaient d'abord établis sur l'ordre qui « doit régner entre les hommes » pour que la société soit « ordonnée et féconde ». Après seulement, le pape ajoutait : « Si nous considérons la dignité humaine à la lumière des vérités révélées par Deu, nous ne pouvons que la situer bien plus haut encore. Les hommes ont été rachetés par le sang du Christ Jésus, faits par la grâce enfants et amis de Dieu et institués héritiers de la gloire éternelle »[4]. Déjà le Concile Vatican II modifiait, au contraire, la perspective. Surtout dans la première partie de *Gaudium et spes*, beaucoup moins il est vrai dans la seconde, plus traditionnelle. Les questions abordées, même de nature anthropologique et sociale, étaient traitées, en grande partie, théologiquement, scripturairement. Le chapitre I sur « la dignité de la personne humaine » commence ainsi avec la considération de l'homme créé « à l'image de Dieu », selon la Bible. Est aussitôt cité également le Psaume 8 : « À peine le fis-tu moindre qu'un dieu... Tu l'établis sur l'œuvre de tes mains, tout fut mis par toi sous ses pieds ». Puis le texte poursuit : « Mais Dieu n'a pas créé l'homme solitaire : dès l'origine "il les créa homme et femme"». Ici c'est la Genèse (1, 27) qui est citée. Et les autres caractéristiques spécifiques de l'homme, corps et âme, intelligence, sagesse, conscience, liberté étaient détaillées ensuite avec autant de références à l'Écriture que l'on avait pu en rassembler.

Venait, d'autre part, dans le numéro 22, ce propos : « En réalité, le mystère de l'homme ne s'éclaire vraiment que dans le mystère du Verbe incarné... Nouvel Adam, le Christ, dans la révélation même du mystère du Père et de son amour, manifeste pleinement l'homme à lui-même et lui découvre la sublimité de sa vocation ». Les vérités précédemment énoncées « trouvent en Lui leur source et atteignent en Lui leur point culminant ».

De même, il vaut la peine de signaler, au chapitre II, la présentation qui est faite de la « communauté humaine », de la société. La référence est cette fois directement à la Trinité en Dieu : « Quand le Seigneur Jésus prie le Père pour que "tous soient un..., comme nous nous sommes un" (Jn 17, 21-22), il ouvre des perspectives inaccessibles à la raison et Il nous suggère qu'il y a une certaine ressemblance entre l'union des Personnes divines et celle des fils de Dieu dans la vérité et dans l'amour ». Le Concile poursuit : « Cette ressemblance montre bien que l'homme, seule créature sur terre que Dieu a voulue pour elle-même, ne peut pleinement se trouver que par le don désintéressé de lui-même »[5]. Référence est ici faite à Lc 17, 33.

Au chapitre III, sur « L'activité humaine dans l'univers », on lit, quant à l'unité de la terre et du ciel : « Ces valeurs de dignité, de communion fraternelle et de liberté, tous ces fruits excellents de notre nature et de notre industrie, que nous aurons propagés sur terre selon le commandement du Seigneur et dans son Esprit, nous les retrouverons plus tard, mais purifiés de toute souillure, illuminés, transfigurés, lorsque le Christ remettra à son Père "un Royaume éternel et universel : royaume de vérité et de vie, royaume de sainteté et de grâce, royaume de justice, d'amour et de paix". Mystérieusement, le Royaume est déjà présent sur cette terre ; il atteindra sa perfection quand le Seigneur reviendra. »[6].

On n'était pas habitué à ce style scripturaire et théologique dans les documents sociaux traditionnels !

AVEC JEAN-PAUL II

Jean-Paul II a un souci évident de tout fonder, en matière de doctrine sociale, dans une anthropologie de caractère directement théologique.

Puis, Jean-Paul II a inscrit tout son effort dans une semblable tendance. Même, chez lui, la place des développements théologiques est plus grande encore, semble-t-il. Il a un souci évident de tout fonder, en matière de doctrine sociale, dans une anthropologie, particulièrement une anthropologie sociale, de caractère directement théologique. Ceci est frappant dès *Redemptor hominis*. Le pape s'y engage, nous l'avons dit, très vigoureusement, sur les droits de l'homme, sur l'homme donc, mais tout commence avec la vue de l'homme racheté par le Christ, frère du Christ. Et que le Christ soit le rédempteur, ou, mieux dit sans doute, le libérateur de l'homme présuppose que le Verbe de Dieu qu'il est, celui « qui a pleinement correspondu à l'amour éternel du Père », a déjà donné « à l'homme toute la richesse de la création, le faisant à peine moins que les anges ». J'ai écrit naguère, commentant le pape, sur ce point, dans un petit livre sur *L'homme dans le mystère du Christ. Le message de Jean-Paul II*[7] : « Il ne peut y avoir de rédemption (rachat) que d'un être en soi de valeur extraordinaire même s'il s'est perdu [...] Le Christ sauve et libère un être que Dieu a, par lui, son Verbe, son Fils, créé, et à qui, en le créant, il a fait d'immenses dons [...] La rédemption est un extraordinaire acte d'amour de Dieu envers l'homme obligeant à se demander : que doit être l'homme en lui-même pour qu'il soit, fût-ce dans l'indignité, l'objet d'un tel amour ? »[8].

On voit de même apparaître l'idée d'unité du genre humain à partir de l'œuvre du Christ, tous étant frères entre eux parce que devenus frères de Jésus. Et, selon saint Paul, s'adressant aux Galates (3, 28), « il n'y a plus ni juif, ni grec, il n'y a plus d'esclave et d'homme libre ; il n'y a plus homme et femme ; vous êtes tous un seul dans le Christ Jésus ». Jean-Paul II cite bien entendu aussi ce texte. L'homme est ainsi connu à partir du Christ, « homme parfait » : « destinée » pour tout homme. La dignité du corps, entre autres, se comprend à partir de l'incarnation du Verbe de Dieu en l'homme Jésus. « Parce que le Verbe de Dieu, affirme Jean-Paul II, s'est fait chair, le corps est entré, dirais-je, par la grande porte, dans la théologie, c'est-à-dire dans la science qui a pour objet la divinité. »[9]

« Se familiarisant avec la profondeur de la rédemption qui se réalise dans le Christ Jésus », dit encore Jean-Paul II, « en même temps on atteint aussi la sphère la plus profonde de l'homme, nous voulons dire la sphère du cœur de l'homme, de sa conscience et de sa vie »[10]. Et tout ce que l'Église peut affirmer sur l'homme fait partie de cette révélation de l'homme par et dans le Christ, y compris, explicite Jean-Paul II, cet enseignement sur l'homme qui a nom doctrine sociale. Celle-ci, à l'égal des autres parties de l'enseignement de l'Église sur l'homme, « annonce Dieu et le mystère du salut dans le Christ », dira Jean-Paul II plus tard, dans *Centesimus annus*[11]. Nous y reviendrons.

LA QUESTION DES DROITS DE L'HOMME DANS CE CONTEXTE

Dans ce contexte, il faut reconnaître chez Jean-Paul II, quant à la question des droits de l'homme, comme une tension entre *deux* attitudes : l'une, considérer les droits de l'homme comme un terrain commun à tous les hommes – foi et raison s'y rencontrant –, terrain permettant la discussion (et l'organisation en commun de la cité des hommes) ; l'autre, insister sur le fondement religieux, le fondement en Dieu, de ces mêmes droits, les revendiquant donc comme si, en tant que chrétien, on en était le vrai détenteur – presque avec intolérance. Jean XXIII s'était établi naguère tout à fait dans la première attitude. Jean-Paul II oscille, semble-t-il, plutôt, entre la première et la seconde.

Rappelons ce début de Jean XXIII dans *Pacem in terris* déjà cité : « Le fondement de toute société bien ordonnée et féconde, c'est le principe que tout être humain est une personne, c'est-à-dire une nature douée d'intelligence et de volonté libre. Par là même, il est sujet de droits et de devoirs... »[12] « Le créateur du monde, a-t-il dit auparavant, a inscrit l'ordre au plus intime des hommes : ordre que la conscience leur révèle et leur enjoint de respecter »[13] ; et c'est à partir de là surtout que Jean XXIII énonce les droits de l'homme. Il se réfère aussi à la Déclaration universelle de 1948 (ONU), affirmant : « Nous n'ignorons pas que certains points de cette Déclaration ont soulevé des objections et fait l'objet de réserves justifiées. Cependant, nous la considérons comme un pas vers l'établissement d'une organisation juridico-politique de la communauté mondiale. Elle reconnaît solennellement à tous les hommes sans exception leur dignité de personne ; elle affirme pour chaque individu ses droits de rechercher librement la vérité, de suivre les normes de la moralité, de pratiquer les devoirs de justice, d'exiger des conditions de vie conformes à la dignité humaine, ainsi que d'autres droits liés à ceux-ci. »[14] La Déclaration est une vraie base de commune humanité.

On se souvient de plus sans doute du passage fameux de Jean XXIII sur les « mouvements historiques » qu'il ne faut pas confondre avec les doctrines qui leur ont donné origine. « Dans la mesure, dit-il, où ces mouvements sont d'accord avec les sains principes de la raison et répondent aux justes aspirations de la personne humaine, qui refuserait d'y reconnaître des éléments positifs et dignes d'approbation ? »[15] Puis, la question de la liberté religieuse avait été, nous l'avons aussi rappelé, abordée de la même façon par le Concile Vatican II, les premiers mots de la Déclaration *Dignitatis humanae* la concernant étant : « La dignité de la personne humaine est, en notre temps, l'objet d'une conscience toujours plus vive ; toujours plus nombreux sont ceux qui revendiquent pour l'homme la possibilité d'agir en vertu de ses propres options et en toute libre responsabilité ; non pas sous la pression d'une contrainte, mais guidé par la conscience de son devoir... Cette exigence de liberté, dans la société humaine, regarde principalement ce qui est l'apanage de l'esprit humain, et, au premier chef, ce qui concerne le libre exercice de la religion dans la société. »[16] Le Concile part donc d'une commune aspiration des hommes... Il dit ensuite que cette liberté trouve son affirmation ou confirmation dans la révélation, mais il n'est nullement indifférent qu'il ait commencé par s'appuyer sur une conviction partagée par tous les hommes (ou pouvant l'être).

Or Jean-Paul II montre à plus d'une reprise qu'il se reconnaît dans ces propos mais cherche presque toujours aussi à les enraciner plus directement dans ce qu'il a dit de l'homme en des termes expressément théologiques. L'homme c'est, dit-il, fondamentalement l'être auquel « par l'incarnation le Fils de l'homme s'est uni » : le Fils s'étant par l'incarnation uni « d'une certaine manière à tout homme »[17]. « L'Église, ajoute-t-il, désire servir cet objectif unique : que tout homme puisse retrouver le Christ, afin que le Christ puisse parcourir la route de l'existence, en compagnie de chacun, avec la puissance de la vérité sur l'homme et sur le monde contenue dans le mystère de l'Incarnation et de la Rédemption, avec la puissance de l'amour qui en rayonne. Sur la toile de fond des développements toujours croissants au cours de l'histoire, qui semblent se multiplier de façon particulière à notre époque dans le cercle de divers systèmes, conceptions idéologiques du monde et régimes, Jésus-Christ devient, d'une certaine manière, nouvellement présent, malgré l'apparence de toutes ses absences, malgré toutes les limitations de la présence et de l'activité institutionnelle de l'Église. Jésus-Christ devient présent avec la puissance de la vérité et avec l'amour qui se sont exprimés en lui avec une plénitude unique et impossible à répéter, bien que sa vie terrestre ait été brève, et plus brève encore son activité publique »[18]. Jésus-Christ, absolument, est au centre. Il est « la route principale » de l'Église. Toute la dignité de l'homme vient de lui. Mais l'homme lui-même devient de ce fait central. « L'Église ne peut abandonner l'homme, dont le "destin", c'est-à-dire le choix, l'appel, la naissance et la mort, le salut ou la perdition, sont liés d'une manière si étroite et indissoluble au Christ »[19]. Par là « l'homme devient route fondamentale pour l'Église ». Le Christ a certes été dit d'abord, lui, « route principale de l'Église ».

Pour Jean-Paul II, toute la dignité de l'homme vient du Christ. L'homme lui-même devient de ce fait central.

On peut, à partir de là, dire nombre de choses très positives et communément proclamées sur l'homme : sa haute dignité, ses droits divers. *Mais* il est clair que, si Jean-Paul II rejoint le consentement universel, il se fonde d'abord, très expressément, sur la réalité du Christ (de l'homme en Jésus-Christ). Si les chrétiens se posent bien des questions aujourd'hui, ajoute-t-il, c'est « parce que *Jésus-Christ* les a universellement sensibilisés au problème de l'homme »[20].

DE MÊME, L'ENRACINEMENT THÉOLOGIQUE DU CONCEPT DE DÉVELOPPEMENT

Dans l'encyclique *Sollicitudo rei socialis*, semblablement, il enracine, aussi clairement qu'il se peut, le concept de développement en contexte théologique. « Un développement qui n'est pas seulement économique se mesure et s'oriente selon [...] la vocation de l'homme envisagé dans sa totalité, c'est-à-dire selon un paramètre intérieur qui lui est propre[...] Pour poursuivre le véritable développement, il est nécessaire de ne jamais perdre de vue ce paramètre qui est la nature spécifique de l'homme créé par Dieu à son image et à sa ressemblance (Gn 1, 26). Nature corporelle et spirituelle, symbolisée, dans le deuxième récit de la création, par les deux éléments : la terre, avec laquelle Dieu forme le corps de l'homme, et le souffle de vie insufflé dans ses narines. L'homme a ainsi une affinité avec les autres créatures[...] mais en même temps il doit rester soumis à la volonté de Dieu, qui lui fixe des limites quant à l'usage et à la domination des choses (Gn 2, 16-17), tout en lui promettant l'immortalité (Gn 2, 9 ; Sg 2, 23) : ainsi, l'homme, en étant à l'image de Dieu, a une vraie affinité avec lui aussi. »[21]

Le passage que je viens de citer est complexe, il est du moins clair que le développement doit, selon Jean-Paul II, tenir compte de la définition de l'homme selon le texte de la Genèse. Puis, Jean-Paul II poursuit, plus direct encore : « Selon l'Écriture sainte, la notion de développement n'est pas seulement "laïque" ou "profane" [...] En effet, l'homme n'a pas été créé, pour ainsi dire, immobile et statique. La première image qu'en présente la Bible le montre clairement comme créature et *image*, déterminée dans sa réalité profonde par l'origine et par l'affinité qui le constituent. Tout cela introduit dans l'être humain, homme et femme, le germe et l'exigence d'une tâche originelle, à accomplir..., tâche de "dominer" sur les autres créatures, de "cultiver le jardin"[22] ». Jean-Paul II évoque ensuite le péché, mais aussi la descendance d'Adam bâtissant « une ville », ou se consacrant à l'élevage, s'adonnant aux arts (la musique) et à la technique (la métallurgie), en même temps qu'on « commence à invoquer le nom du Seigneur ». « L'histoire du genre humain présentée par l'Écriture, poursuit Jean-Paul II, même après la chute dans le péché est une histoire de réalisations continuelles qui, toujours remises en question et menacées par le péché, se répètent, s'enrichissent et se répandent comme une réponse à la vocation divine assignée dès le commencement à l'homme et à la femme (Gn 1, 26-28) et gravée dans l'image reçue par eux »[23] : développement. « Il est logique, dit Jean-Paul II, de conclure, au moins pour ceux qui croient à la Parole de Dieu, que le “développement” d'aujourd'hui doit être considéré comme un moment de l'histoire qui a commencé avec la création et est continuellement menacé en raison de l'infidélité à la volonté du Créateur (...) ; mais il correspond fondamentalement à ses prémisses »[24]. Vient ensuite une référence à la parabole des talents : « Il nous revient, à nous qui recevons les dons de Dieu pour les faire fructifier, de “semer” et de “moissonner”. »[25]

Et Jean-Paul II va même plus loin : « Dans le plan divin qui commence par l'éternité dans le Christ, “image” parfaite du Père, et qui culmine en lui, “premier-né d'entre les morts” (Col. 1, 15.18), s'inscrit, dit-il, notre histoire, marquée par notre effort personnel et collectif pour élever la condition humaine, surmonter les obstacles toujours renaissants sur notre route, nous disposant ainsi à participer à la plénitude qui “habite dans le Seigneur” et qu'il communique “à son Corps c'est-à-dire l'Église” (*ibid.* 1, 18 ; Ep 1, 22-23), tandis que le péché, qui sans cesse nous poursuit et compromet nos réalisations humaines, est vaincu et racheté par la “réconciliation” opérée par le Christ (Col 1, 20.) »[26] Ici, dit Jean-Paul II, le rêve de « progrès indéfini » devient réalité : « Un tel progrès n'est [certes] possible que parce que Dieu le Père a décidé dès le commencement de rendre l'homme participant de sa gloire en Jésus-Christ ressuscité »[27]. Déjà, rappelle Jean-Paul II, il est possible de trouver « dans l'enseignement patristique (enseignement des Pères de l'Église) une vision optimiste de l'histoire et du travail, c'est-à-dire de la valeur permanente des réalisations humaines authentiques, en tant que rachetées par le Christ et destinées au Règne promis »[28]. Nous sommes loin vraiment, dans tous ces propos, des considérations souvent simplement rationnelles qui étaient courantes dans l'enseignement social d'autrefois...

Sur la question du développpement, l'évolution avait commencé avec Paul VI qui dans *Populorum progressio* écrivait : « Dans le dessein de Dieu, chaque homme est appelé à se développer car toute vie est vocation... Doué d'intelligence et de liberté, l'homme est responsable de sa croissance, comme de son salut... Cette croissance n'est pas facultative. Comme la création tout entière est ordonnée à son Créateur, la créature spirituelle est tenue d'orienter spontanément sa vie vers Dieu, vérité première et souverain bien. Aussi la croissance humaine constitue-t-elle comme un résumé de nos devoirs. Bien plus, cette harmonie de nature enrichie par l'effort personnel et responsable est appelée à un dépassement. Par son insertion dans le Christ vivifiant, l'homme accède à un épanouissement nouveau, à un humanisme transcendant, qui lui donne sa plus grande plénitude. »[29] Par comparaison cependant, le propos théologique de Jean-Paul II sur le concept de développement est plus complet et plus étendu. Et il faut en dire autant de ses considérations, prises d'ailleurs au Concile Vatican II, sur la théologie du travail, à la fin de *Laborem exercens*. Dans *Centesimus annus* d'autre part, à une autre étape du pontificat, proche de nous, il est dit, à propos des droits de l'homme et d'autres points centraux de la doctrine sociale : « C'est seulement sous cet éclairage [du mystère du salut en Jésus-Christ] qu'elle [l'Église] s'occupe du reste : à savoir les droits de chacun, en particulier ceux du "prolétariat", la famille et l'éducation, les devoirs de l'État, l'organisation de la société nationale et internationale, la vie économique, la culture, la guerre et la paix, le respect de la vie depuis le moment de la conception jusqu'à la mort. »[30] « Seulement sous cet éclairage... » : il faut souligner ce « seulement » qui va plus loin encore que les considérations précédentes. Car si l'on peut considérer que tout ce qui suit, droits de l'homme, action du prolétariat, règles fondamentales de l'économie, etc... est de l'ordre du droit naturel, pour revenir à ce terme traditionnel, le propos de Jean-Paul II veut dire que l'Église ne s'y intéresse en tout cas, n'y touche, ne le confirme, si l'on veut, que sous l'éclairage, ou dans l'éclairage du mystère du Christ. Elle ne lit ou dit ce qu'on peut appeler droit naturel que dans cet éclairage, elle ne le tire pas d'une autre source.

LA DOCTRINE SOCIALE EST « THÉOLOGIE MORALE »

Jean-Paul II a cherché à s'expliquer plus systématiquement de la nature de la doctrine sociale de l'Église dans son encyclique *Sollicitudo rei socialis*. Il y corrobore, c'est clair, ce qui résulte de la grande place faite par lui aux considérations théologiques, à la source même de la Révélation, à l'Écriture, dans sa présentation des problèmes sociaux. Il vise à placer la doctrine sociale directement « sous la lumière de la foi ».

Le texte de référence essentiel est le numéro 41 de *Sollicitudo rei socialis*, qu'il vaut la peine de citer tout entier : « La doctrine sociale de l'Église, y dit Jean-Paul II, n'est pas une "troisième voie" entre le capitalisme libéral et le collectivisme marxiste... ; elle constitue une catégorie en soi. Elle n'est pas non plus une idéologie, mais la formulation des résultats d'une réflexion attentive sur les réalités complexes de l'existence de l'homme dans la société et dans le contexte international à la lumière de la foi et de la tradition ecclésiale. Son but principal est d'interpréter ces réalités en examinant leur conformité ou leurs divergences avec les orientations de l'enseignement de l'Évangile sur l'homme et sur sa vocation à la fois terrestre et transcendante... [La doctrine sociale de l'Église] n'est pas du domaine de l'idéologie, mais de celui de la théologie, et particulièrement de la théologie morale ». Le mot clé est prononcé, qui ne l'avait pas été par Léon XIII ni par Pie XI discutant la nature de la doctrine sociale de l'Église : cet enseignement est théologique. Il est théologique tout en parlant bien entendu de l'homme – et de sa société –. C'est que la théologie chrétienne, la révélation qu'elle explicite porte directement sur l'homme à travers cet homme « parfait », Jésus-Christ. Nous avons déjà eu l'occasion, plus haut, de lire les paragraphes de *Redemptor hominis* de même portée. Le tournant est considérable pour la définition de la doctrine sociale.

DES CONSÉQUENCES

Si la doctrine sociale de l'Église est théologique, n'est-elle pas marquée d'une plus nette limitation qu'on ne le pensait jadis ?

Il y a certes plus d'une conséquence à souligner aussi. Une première est contenue dans cette interrogation : si la doctrine sociale de l'Église est théologique, n'est-elle pas marquée – ou son noyau n'est-il pas marqué – d'une plus nette limitation qu'on ne le pensait jadis ? Dans les propos de l'Église hiérarchique, sans parler de ceux de ses fidèles, il entre, explique-t-on souvent désormais, des considérations qui ne sont pas expressément théologiques, qui vont plus loin que le seul théologique, qui en constituent des applications mais sont forcément plus contingentes que ce qui est nommément théologique. Nous sommes invités, bien plus que nous ne l'étions dans le passé, à les distinguer, à ne pas les mettre sur le même plan. Jean-Paul II dit lui-même dans *Sollicitudo rei socialis* déjà citée : « Il s'est constitué un corps de doctrine actualisé, qui s'articule à mesure que l'Église interprète les événements dans leur déroulement au cours de l'histoire à la lumière de l'ensemble de la Parole révélée par le Christ Jésus et avec l'assistance de l'Esprit saint... [L'Église] cherche de cette façon à guider les hommes pour qu'ils répondent, en s'appuyant sur la réflexion rationnelle et l'apport des sciences humaines, à leur vocation de bâtisseurs responsables de la société terrestre »[31]. À ce qui est doctrine au sens strict s'ajoutent donc, en vue de l'action responsable, l'apport des sciences humaines (des éléments positifs), et la réflexion rationnelle (le genre de réflexion, dirai-je, traduite traditionnellement dans le droit naturel, au-delà des vues proprement théologiques), mais ces éléments sont sur un autre plan que le noyau doctrinal dans lequel joue « la lumière du mystère du Christ » : aussi bien ce ne serait pas même l'Église directement qui fait apport aux hommes de ces éléments, ce sont eux qui s'en saisissent.

Dans l'instruction « Liberté chrétienne et libération » de la Congrégation pour la doctrine de la foi, rédigée par ladite congrégation mais expressément approuvée par Jean-Paul II, en 1986, on lit certes, de façon un peu différente : « L'enseignement social de l'Église est né de la rencontre du message évangélique et de ses exigences résumées dans le commandement suprême de l'amour de Dieu et du prochain et dans la justice, avec des problèmes émanant de la vie de la société. Il s'est constitué comme une doctrine, *en usant* des ressources de la sagesse et des sciences humaines, qui porte sur l'aspect éthique de cette vie, et prend en compte les aspects techniques des problèmes, mais toujours pour les juger sous l'angle moral »[32]. Il semble qu'il y a ici incorporation de la sagesse (la réflexion rationnelle, dont nous parlions tout à l'heure), voire des résultats des sciences humaines, à la doctrine. Mais le mot doctrine prend peut-être alors, par rapport à enseignement, le sens de quelque chose de plus systématisé, de plus rationnalisé, débordant de ce fait l'enseignement de caractère évangélique, cœur de la doctrine sociale en un sens plus immédiat de ce terme... Un peu plus loin, l'instruction que je cite fait clairement la distinction, elle aussi, entre l'énoncé des principes, et les jugements plus contingents, d'application : « Orienté vers l'action, cet enseignement se développe en fonction des circonstances changeantes de l'histoire. C'est pourquoi, avec des principes (eux) toujours valables, il comporte *aussi* des jugements contingents. Loin de constituer un système clos, il demeure constamment ouvert aux questions nouvelles qui ne cessent de se présenter ; il requiert la contribution de tous les charismes, expériences et compétences. »[33]

De manière semblable, Jean-Paul II a affirmé dans *Centesimus annus* : « La présente encyclique cherche à mettre en lumière la fécondité des principes exprimés par Léon XIII, principes qui appartiennent au patrimoine doctrinal de l'Église et, à ce titre, engagent l'autorité de son magistère. Mais la sollicitude pastorale m'a conduit, d'autre part, à proposer l'analyse de certains événements récents de l'histoire. Il n'est pas besoin de souligner que la considération attentive du cours des événements en vue de discerner les exigences nouvelles de l'évangélisation relève des devoirs qui incombent aux pasteurs. Toutefois on n'entend pas exprimer des jugements définitifs en développant ces considérations car, en elles-mêmes, elles n'entrent pas dans le cadre propre du magistère. »[34] Le niveau d'autorité est clairement présenté comme différent selon qu'il s'agit des principes ou des applications, des « considérations sur le cours des événements ». Et ceci semble toujours en rapport avec la revalorisation des aspects plus proprement théologiques de la doctrine sociale... qui ne sauraient être confondus avec les applications et les conclusions.

L'affirmation d'une telle limitation est d'autre part devenue fréquente dans les déclarations des épiscopats nationaux en matière sociale. Celui des États-Unis disait au début de sa lettre pastorale « Justice économique pour tous » en 1986[35] : « Nous savons que certaines de nos recommandations spécifiques sont sujettes à controverse. En tant qu'évêques nous n'avons pas l'intention de formuler ces jugements prudentiels avec une autorité égale à celle qui marque nos déclarations sur les principes. [Simplement] nous nous sentons obligés d'enseigner par l'exemple comment les chrétiens peuvent entreprendre une analyse concrète et prendre position de manière précise sur des problèmes économiques. Les enseignements de l'Église ne peuvent pas en rester au niveau de belles généralités ». Il est clair, corrélativement, que l'on n'est en tout cas plus alors au même niveau d'autorité que dans le noyau de la doctrine[36].

La Commission sociale de l'épiscopat français disait, elle, en écho, en 1988 : « Voulant apporter notre part à la recherche commune, nous présentons quelques orientations qui semblent mériter davantage l'attention aujourd'hui... Ces orientations ou applications particulières n'ont pas la même autorité que les principes généraux issus de la tradition de l'Église. Nous les présentons aux fidèles catholiques comme des suggestions que leurs pasteurs estiment devoir faire dans l'exercice de leur ministère. Nous invitons chacun à s'interroger sur sa propre pratique... »[37]

Plus récemment, la même réserve s'est trouvée exprimée dans la déclaration « Justice et solidarité » des

Églises évangélique et catholique d'Allemagne le 22 février 1997 : « Ce n'est pas l'affaire des Églises de prescrire en détail les objectifs et les moyens », elles sont comptables d'« orientations ».

Jean-Paul II : « L'Église n'a pas de solutions techniques à offrir face au problème du sous-développement. »

Dans *Sollicitudo rei socialis*, Jean-Paul II précisait de façon plutôt catégorique : « L'Église n'a pas de solutions techniques à offrir face au problème du sous-développement comme tel, ainsi que le déclarait déjà le pape Paul VI dans son encyclique *Populorum progressio*... Elle ne propose pas des systèmes ou des programmes économiques et politiques, elle ne manifeste pas de préférence pour les uns ou pour les autres pourvu que la dignité de l'homme soit dûment respectée et promue et qu'elle-même se voie laisser l'espace nécessaire pour accomplir son ministère dans le monde »[38]... Cependant... « à l'exemple de mes prédecesseurs, poursuivait Jean-Paul II, je dois répéter que ce qui touche à la dignité de l'homme et des peuples, comme c'est le cas du développement authentique, ne peut se ramener à un problème "technique"... Voilà pourquoi l'Église a une parole à dire aujourd'hui comme il y a vingt ans, et encore demain... »[39]. La distinction est certes en un sens classique. Rappelons-nous *Quadragesimo anno* dans la citation que j'en ai faite tout à l'heure (avec la distinction entre la technique et la morale). Mais elle prend plus de relief qu'elle n'en avait auparavant, quand on axe la doctrine sociale sur son contenu théologique. Ce qui s'est produit avec Jean-Paul II.

LE DANGER DE DÉVALORISATION

Il est heureux, peut-on noter d'autre part, que Jean-Paul II ait fait cette distinction des principes et des applications, ou de l'appréciation des circonstances, respectant mieux par là la structure de la moralité, faisant place à la conscience et au jugement pratique à côté de la norme – ce qu'on regrette de ne pas trouver autant dans les déclarations de l'Église en matière de morale sexuelle et familiale[40]. Cependant, on peut se demander, en même temps, si le détail de la doctrine sociale, toutes ces propositions concrètes qu'on trouve dans les documents mêmes publiés par lui sur le travail, sur le développement, sur le libéralisme économique, sur les droits de l'homme, sur la démocratie, ne risquent pas d'en subir une dévalorisation, et si elles ne perdent pas quelque chose de la force qu'avaient pu avoir naguère des conclusions de Léon XIII sur le salaire familial ou de Pie XI sur la concurrence sans frein. Précisément, les prises de position de Jean-Paul II, je l'ai noté en commençant, n'ont pas toujours aussi durablement marqué que celles de certains prédécesseurs, plusieurs ont été assez vite oubliées. C'est le fait d'une loi d'usure des documents à notre époque, ai-je suggéré, mais ce n'est peut-être pas cela seulement : bien que le pape, en apparence, nous entretienne des mêmes sujets dont on parlait hier, encore une fois le travail, le développement, le capitalisme, les droits de l'homme, la doctrine sociale de l'Église ne serait, avec lui, plus tout à fait la même.

Il y aurait d'ailleurs sans doute à interroger le mot « théologie » dans le propos du pape. Parlant de la doctrine sociale comme théologique, comme théologie morale, le pape veut en effet surtout marquer sa relation à la Révélation chrétienne. Le mot théologie, cependant, est souvent employé également pour désigner la libre spéculation de chercheurs qui n'engagent pas l'autorité des responsables qualifiés de l'Église... La théologie en ce sens est bien moins que la doctrine, même s'il faut dire, dans le cas de la doctrine sociale, que doctrine est de son côté moins que dogme. Est-il donc si opportun de désigner la doctrine sociale catholique comme une partie de la théologie ?

UN AUTRE POINT DE VUE DANS UNE AUTRE APPROCHE

Aussi bien, parvenu à ce point, faut-il faire remarquer qu'il y a simultanément en une autre approche chez Jean-Paul II lui-même et que, dans d'autres contextes, particulièrement dans son débat avec les théologies de la libération, il a été amené à ré-étendre plutôt, en un sens plus traditionnel, le champ de la « doctrine sociale ». Les théologies de la libération risquaient en effet, par un côté au moins, de conduire à un fort immédiatisme théologico-politique, fruit de la tendance à réduire le message social du christianisme à son aspect directement évangélique, scripturaire. La théologie débouchait directement en politique. Comme peut-être aussi dans la « théologie politique » de Jean-Baptiste Metz. On complétait certes cet aspect, en même temps, fût-ce contradictoirement, au moyen des « sciences humaines », voire d'éléments du marxisme, *en remplacement de la vieille doctrine sociale*... Sentant cela, Jean-Paul II a été amené, malgré l'autre pente de sa recherche, à revaloriser parfois, l'aspect traditionnel, relativement moins théologique, de la doctrine sociale, à l'encontre des conclusions de *Sollicitudo rei socialis* sur les limites de la doctrine sociale et sur son caractère de théologie morale.

Les premiers théologiens de la libération critiquaient la « doctrine sociale ». Il ne s'agissait cependant pas, pour eux, de rendre l'engagement social moins intime au croire chrétien, ils l'y voulaient au contraire plus intime, ils affichaient un souci prioritairement « théologique », tout comme Jean-Paul II, d'un certain point de vue. D'un autre point de vue, il est vrai, Jean-Paul II trouvait la liaison trop forte, chez eux, trop étroite, entre théologie et politique, jusqu'à un écrasement de la foi sous la politique ainsi découverte, d'autant que le recours, même partiel, au marxisme inversait pour ainsi dire le rapport de la foi au politique (le politique messianique venant à dominer la foi). Jean-Paul II voyait alors la nécessité de *maintenir* l'espace intermédiaire propre qui est celui de la doctrine sociale de l'Église, de source théologique mais prolongeant l'Évangile dans le concret du monde social, avec la relativité qui caractérise un tel prolongement, de manière réelle et autorisée cependant.

Dans cette perspective, Jean-Paul II s'est attaqué à l'exégèse des théologies de la libération, aux « relectures » de l'Évangile en cours, lors de l'Assemblée de l'Épiscopat latino-américain de Puebla, dès 1979. Leur interprétation tend, note-t-il, à être politique – entendons par là : seulement ou tout entière politique –, et quelque chose d'essentiel du christianisme, alors, se perd : « On prétend montrer un Jésus engagé politiquement, un Jésus qui lutte contre la domination romaine et contre les pouvoirs, et qui est donc impliqué dans la lutte des classes ». « Cette conception du Christ comme politicien, révolutionnaire, le subversif de Nazareth, n'est pas en accord, dit Jean-Paul II, avec la catéchèse de l'Église. Confondant le prétexte insidieux des accusateurs de Jésus avec l'attitude – bien différente – de Jésus lui-même, on prétend voir dans le dénouement d'un conflit politique la cause de sa mort et l'on passe sous silence la volonté d'oblation du Seigneur et même la conscience de sa mission rédemptrice... La perspective de sa mission est beaucoup plus profonde. Elle consiste en un salut intégral par amour qui transforme, pacifie, un amour de pardon et de réconciliation ».

Cette lecture fondamentale du christianisme débouchait, de façon directe, en politique : c'est là l'immédiatisme dont j'ai parlé, même associé à un recours à des éléments de sciences humaines, de marxisme aussi. Par rapport à cela, la tâche sociale du chrétien *dérive* seulement, pense le pape, de l'œuvre, plus large, du Christ, elle n'est pas du même niveau que cette œuvre : elle est théologique mais pas purement théologique... Elle incorpore d'autres réalités, d'autres pensées, d'autres considérations et analyses que la seule Révélation. Point de vue qui semble, au contraire, presque oublié quand Jean-Paul II caractérise, dans un autre contexte, la doctrine sociale comme théologique !

Par ce biais, Jean-Paul II tendait donc à consolider la doctrine sociale au sens traditionnel, alors qu'il la modifiait plutôt en insistant, ailleurs, sur son caractère directement – et seulement ? – théologique.

DES POINTS À PRÉCISER À NOUVEAU

Il nous laisse au total dans quelque incertitude. Il a consolidé, par un côté, la doctrine sociale, par le recours systématique à la Révélation, caractéristique de la plupart de ses présentations. Il lui a donné aussi de ce fait des limites... Usant du mot « théologie », il a sans doute introduit, contre son intention, une dévalorisation de la doctrine sociale qui tombe au niveau de la libre spéculation du théologien. Mais, d'autre part, Jean-Paul II s'est attaché, face aux théologies de la libération, à un sens plus traditionnel de la doctrine sociale, afin de ne pas laisser le terrain aux « sciences sociales », au marxisme, en même temps d'ailleurs qu'à un immédiatisme politico-religieux. Il conviendra de rendre une plus grande cohérence à cet ensemble de points de vue.

Usant du mot « théologie », Jean-Paul II introduit une dévalorisation de la doctrine sociale qui tombe au niveau de la libre spéculation du théologien.

C'est d'autant plus nécessaire, faut-il ajouter, qu'on peut se demander si l'on n'observe pas déjà quelque réaction en sens inverse de ce qu'on a cru voir se développer jusqu'ici durant le pontificat de Jean-Paul II : on ne veut plus que semblent dévalorisées les propositions visant l'application que l'on rencontre dans la doctrine sociale au sens traditionnel. Je songe à ces mots des Évêques d'Angleterre et du Pays de Galles dans une remarquable déclaration sur "Le bien commun et la doctrine sociale de l'Église catholique" du 21 octobre 1996 : « L'Église manquerait de courage moral, disent-ils, si sa Doctrine sociale devait en rester au niveau des généralités. » Une phrase suivante dit que les évêques, dans les applications qu'ils présentent peuvent sûrement se tromper, mais qu'ils ont, est-il aussi affirmé, en tant qu'évêques, « la particulière responsabilité de discerner et d'interpréter les signes des temps ».

Ce qu'il faudrait sans doute, serait de préciser, en termes nets, l'autorité qui tout de même revient à ces conclusions intermédiaires, caractéristiques de la doctrine sociale. Equivalemment, il faudrait se demander jusqu'où s'étend, si on la maintient, la notion de « théologie morale » à laquelle s'est référé Jean-Paul II : elle doit, je pense, s'étendre assez loin, jusqu'à des applications, des orientations, en tout cas. Il faut être assez concret, comme le disaient aussi en 1986 les évêques des États-Unis, même si ce qui est dit à ce niveau n'est pas du même poids que les principes plus généraux et bien qu'il y ait aussi place pour le discernement personnel de chacun dans l'application, selon le mot important de *Sollicitudo rei socialis* : « L'Église cherche à guider les hommes pour qu'ils répondent [eux-mêmes], en s'appuyant sur la réflexion rationnelle et l'apport des sciences humaines, à leur vocation de bâtisseurs responsables de la société terrestre »[41].Il semble qu'il faille combiner l'idée que la théologie morale (encore une fois si on garde le terme) n'est pas simple théologie mais déjà application – des aspects multiples de la vie humaine ont été ainsi considérés, appréciés à la lumière de l'Évangile –, et l'idée que les points de vue touchant l'application n'ont pas le même degré d'autorité que les principes généraux, ou plutôt que le jugement personnel en conscience joue davantage alors que dans l'accueil des seuls principes.

Au vrai, la Commision sociale des évêques français disait assez bien, en 1988, l'autorité des conclusions de la doctrine sociale, mieux et plus précisément que la Conférence américaine. Elle affirmait que les évêques, présentant aux fidèles des orientations ou des applications particulières, font ainsi des suggestions « qu'ils estiment devoir faire *dans l'exercice de leur ministère* ». Il ne s'agit donc pas de simples jugements privés. Et à très bon droit, la Commission sociale des évêques français ajoutait : « Nous invitons chacun à s'interroger sur sa propre pratique » : ceci n'était pas l'idée d'un examen facultatif, mais de bien davantage.

UNE DOCTRINE SOCIALE DE L'ÉGLISE EN DIALOGUE

D'autre part, certains principes ou principes généraux, contredistingués des applications, peuvent bien être tirés de la Révélation et être *en même temps* philosophiques ou de droit naturel, en ce sens que la Révélation même les indique comme ayant une portée universelle. Ce n'est pas en effet parce que quelque chose est issu de la Révélation chrétienne qu'il ne rejoint pas une perception humaine fondamentale de la philosophie, de l'anthropologie. Il convient seulement que, partant de la Révélation, on souligne cette convergence (bref, en disant que quelque chose à sa source en la Révélation, on ne dit pas que c'est vrai pour les seuls chrétiens !). Et il faut qu'on s'engage dans le dialogue à ce sujet.

Il est vrai que par rapport à son fidèle, l'Église a une autorité particulière du fait de la Révélation en Jésus-Christ ; le constant ressourcement dans la Révélation, tel qu'on l'a pratiqué récemment, avec le Concile comme avec Jean-Paul II, est donc d'une grande importance. Mais l'Église peut aussi parler à tous les hommes, ayant pleinement part à l'humanité, vivant le même destin que toute l'humanité et s'alimentant à la culture de tous. Elle a seulement besoin – à côté d'autres davantage destinés aux fidèles – de documents dont l'accès soit possible à ceux qui ne partagent pas sa foi expresse, et où elle traduise dans les concepts de la philosophie, du droit (naturel), des droits de l'homme, ce qu'elle tire de son fond propre. *Pacem in terris*, sur les droits de l'homme et sur l'éthique de la communauté politique nationale et internationale, demeure un bon exemple de document de ce genre, sans que lui manque l'inspiration chrétienne la plus forte.

L'Église, qui dit avoir reçu de toutes les cultures ne doit pas songer à élaborer sa doctrine sociale sans dialoguer avec elles.

L'Église, qui dit avoir reçu de toutes les cultures et avoir toujours besoin de recevoir d'elles, ne doit, d'ailleurs, même pas songer à *élaborer* sa doctrine sociale sans dialoguer avec elles : c'est-à-dire avec les coutumes et les pratiques des peuples, avec leur droit, avec les sciences humaines et la philosophie sociale. Réflexion rationnelle et conclusions des sciences humaines ne sont pas pour elle un simple adjuvant en vue de l'application, comme il a pu paraître dans certaines déclarations du passé. Elles doivent avoir un rôle dans sa constitution même, sa formulation. Il paraît donc qu'est requise une bien autre collaboration avec les instances de la réflexion humaine sur les divers problèmes sociaux, économiques, politiques, juridiques que les consultations occasionnelles qui ont déjà été pratiquées dans le passé. Dans le dialogue, l'Église doit, quant à elle, faire l'apport de tout ce qui lui vient de la Révélation et de sa tradition, mais le traduisant, encore une fois, à l'usage de tous.

Nous touchons ici un point capital sur la nature de la doctrine sociale de l'Église : l'Église ne doute pas, et n'a pas à douter, de la valeur en principe ou potentiellement universelle des conclusions et orientations pour l'homme et sa vie sociale qu'elle lit dans la Révélation chrétienne, mais elle ne doit pas supposer que l'adhésion soit d'emblée acquise chez tous les hommes dès que de telles conclusions et orientations sont présentées. Elle ne saurait viser une universalité que je dirais d'imposition – et se scandaliser quand l'universalité n'est pas concrètement acquise –, elle doit viser une universalité « de dialogue » : avoir confiance et dire sa confiance que le dialogue peut conduire à la réalisation de cette universalité. Etant entendu que les formules traduisant les orientations qu'elle pense universelles peuvent être amendées, ou affinées, rendues plus intelligibles, à travers ce dialogue justement.

Quelque chose de très important est donc arrivé pour la doctrine sociale de l'Église par le ressourcement évangélique, scripturaire, théologique qu'ont effectué le Concile Vatican II et Jean-Paul II. Mais quelque chose d'aussi important doit arriver encore, dans les décennies prochaines, par la mise en place de structures d'échange et de communication correspondant à la nature de cette doctrine sociale, non pas accidentellement, mais encore une fois intrinsèquement dialogale. Selon l'affirmation du Concile Vatican II, « l'Église croit pouvoir contribuer à humaniser toujours plus la famille des hommes... (En même temps) dès les débuts de son histoire elle a appris à exprimer le message du Christ en se servant des concepts et des langues des divers peuples... Surtout de nos jours où les choses vont si vite et où les façons de penser sont extrêmement variées, elle a particulièrement besoin de l'apport de tous ceux qui vivent dans le monde, en connaissent les institutions, les différentes disciplines, et en épousent les formes mentales, qu'il s'agisse de croyants ou d'incroyants. »[42]

Très spécialement, l'Église doit être en dialogue constant, dans l'élaboration et la constitution de sa doctrine sociale, avec les autres Églises et communautés chrétiennes, et avec les diverses religions, presque toutes sensibilisées aujourd'hui à la traduction de l'existence religieuse dans la vie sociale, dans la recherche de la justice et de la paix.

La doctrine sociale pour demain, en conclusion, ce doit donc être, d'abord, le traitement d'un certain nombre de grands problèmes de l'économique, du social, du politique, laissés ouverts au terme de l'intense époque du Concile Vatican II et du pape Jean-Paul II – dans le domaine du chômage, de l'économie financière, de la question du capitalisme, des droits de l'homme et de la démocratie – ; mais ce doit être un nouveau style aussi, attendu, nécessaire, en vertu du rapport de l'Évangile au III e millénaire, aux autres Églises et communautés chrétiennes, aux autres religions, aux autres hommes de diverses cultures, l'Église ne songeant en aucun cas à vivre sans eux. Tout un changement pratique donc, qui n'est pas encore effectué. Tâche des prochaines années. Des très prochaines déjà.

Notes

1. *Quadragesimo anno*, 44.

2. *Ibid.*, 46.

3. *Ibid.*, 47.

4. *Pacem in terris*, 9-10.

5. *Gaudium et spes*, 22.

6. *Ibid.*, 39.

7. Desclée de Brouwer, 1993.

8. *L'homme dans le mystère du Christ. Le message de Jean-Paul II*, *op. cit.*, p. 18.

9. *Redemptor hominis* 13, reprenant une catéchèse des débuts du pontificat.

10. *Ibid.*, 10.

11. *Centesimus annus*, 54.

12. *Pacem in terris*, 9-10.

13. *Ibid.*, 5.

14. *Ibid.*, 144.

15. *Ibid.*, 159.

16. *Dignitatis humanae*, 5.

17. *Redemptor hominis*, 13.

18. *Ibid.*

19. *Ibid.*, 14.

20. *Ibid.*

21. *Sollicitudo rei socialis*, 29.

22. *Ibid.*, 30.

23. *Ibid.*

24. *Ibid.*

25. *Ibid.*

26. *Ibid.*, 31.

27. *Ibid.*

28. *Ibid.*

29. *Populorum progressio*, 16.

30. *Centesimus annus*, 54.

31. *Sollicitudo rei socialis*, 1.

32. Instruction de la S.C. pour la doctrine de la foi, « Liberté chrétienne et libération », 1986, 72.

33. *Ibid.*

34. *Centesimus annus*, 3.

35. Traduction française, Éd. du Cerf, 1988.

36. Le même point de vue était repris, plus loin, en ces termes : « Nous sommes bien conscients que le passage du principe à l'application (aux politiques) est complexe et difficile. Bien que les valeurs morales soient quelque chose d'essentiel pour la détermination des mesures d'ordre public à prendre, elles ne dictent pas par elles-mêmes les solutions concrètes ». En conséquence, admettent les évêques, « la valeur de nos [propres] jugements prudentiels ne dépend pas de la seule force morale de nos principes mais aussi de l'exactitude de nos informations et de la solidité de nos hypothèses » (*Justice économique pour tous*, n. 134). « Nous nous attendons, ajoutent-ils, à ce qu'on discute nos recommandations particulières ».

37. « Créer et partager », 1988, 30.

38. *Sollicitudo rei socialis*, 41.

39. *Ibid.*

40. Voir à ce sujet mon article « Morale sociale et morale sexuelle », *Études*, mai 1993.

41. *Sollicitudo rei socialis*, 1.

42. *Gaudium et spes*, 44.

Annexe 1

LES INTERVENTIONS MAJEURES DE JEAN-PAUL II

LES DOCUMENTS

Les encycliques de Jean-Paul II qu'on peut appeler sociales, au sens où *Rerum novarum* (1891), *Quadragesimo anno* (1931), *Mater et magistra* (1961), même *Pacem in terris* (1963), *Populorum progressio* (1967) étaient des encycliques sociales, sont au nombre de trois, en vingt ans. on peut déjà noter que c'est considérable. Il s'agit de *Laborem exercens* en 1981, *Sollicitudo rei socialis* datée de 1987, mais publiée au début de 1988, *Centesimus annus* enfin, en 1991.

Mais il faut y ajouter l'encyclique inaugurale, *Redemptor hominis* (1979), en ce qui concerne les droits de l'homme – un extrait touchant ce point étant repris dans *Le discours social de l'Église catholique de Léon XIII à Jean-Paul II*[1], et l'encyclique sur la miséricorde, *Dives in misericordia* (1980), au sujet fort large, rencontrant cependant nos centres d'intérêt directement par les propos sur la relation de la miséricorde ou de la charité à la justice – également reproduits dans *Le discours social*...[2]. Quelques autres encycliques nous concernent aussi bien que plus indirectement : *Veritatis splendor*, sur la morale, en 1993, *Evangelium vitae*, sur la vie humaine, en 1995.

Il y a eu, d'autre part, de très nombreux discours de Jean-Paul II, beaucoup ne faisant certes que reprendre ce qui est dit dans les encycliques, quelques-uns cependant innovant : ainsi le discours à l'Unesco, de 1980, concernant la culture et la nation, une homélie devant des entrepreneurs et des travailleurs, durant un voyage au Mexique, à Durango, en 1990 ; plusieurs discours à des représentants des populations indigènes, soit au Pérou, soit au Canada, soit en Australie (sur la question des groupes aborigènes et de leurs droits). Le discours (message) du 15 juin 1982 à la Conférence internationale du travail complète de son côté l'encyclique *Laborem exercens* sur la question du travail (et est repris dans *Le discours social*...[3]).

Quant aux théologies de la libération, dont je parle au début comme à la fin du livre, il faut tenir compte, à leur sujet, du discours aux évêques à Puebla (1979), mais aussi de deux instructions de la congrégation pour la Doctrine de la foi, la première de 1984, la seconde de 1986, d'une lettre de Jean-Paul II à l'épiscopat brésilien en cette même année 1986 (après des entretiens du pape et de plusieurs de ses collaborateurs avec une délégation des évêques brésiliens)... et de quelques menus propos, jusqu'à des réponses aux journalistes à bord des avions, assurément pas toujours de même sens.

CIRCONSTANCES DES ENCYCLIQUES

Je viens d'évoquer les circonstances de certains discours. Il est plus utile d'aborder, de même, pour situer les pièces plus importantes, les circonstances des principales encycliques.

Laborem exercens, comme bien des encycliques sociales antérieures, fut appelée par un anniversaire, le quatre-vingt-dixième, de *Rerum novarum*, l'encyclique sociale princeps. Sa publication n'eut pas lieu, il est vrai, le 15 mai 1981, jour anniversaire de Rerum novarum. Deux jours plus tôt en effet était survenu l'attentat contre Jean-Paul II sur la place Saint-Pierre. On ne sait au reste pas très bien si le pape avait l'intention de publier l'encyclique le 15 mai exactement. Il devait très certainement faire un discours.

La préparation de l'encyclique continua en tout cas au cours de l'été de 1981. Et elle fut publiée à l'automne de cette année.

L'originalité de *Laborem exercens*, par rapport aux encycliques sociales antérieures, est de ne pas embrasser l'ensemble des problèmes sociaux comme l'avaient fait *Quadragesimo anno* et *Mater et magistra* (et comme l'avait fait de même un radio-message de Pie XII pour la Pentecôte 1941, autre anniversaire de *Rerum novarum*). *Laborem exercens* est centrée sur un sujet, le travail. « L'homme comme travailleur ».

D'autre part, *Laborem exercens* a été, plus que d'autres encycliques sociales, écrite par le pape lui-même, on le voit à des éléments de vocabulaire qui lui sont propres alors qu'ils ne sont pas du tout communs ailleurs – par exemple l'idée d'employeurs « direct » et « indirect », ce dernier étant en particulier l'État, capable de modifier le cadre dans lequel se présentent ou non les opportunités d'emploi.

Cet intérêt pour les questions du travail (pour le travail lui-même comme thème clé) peut être référé, de plus, à l'expérience du travail manuel industriel qu'avait faite Karol Wojtyla dans une carrière de l'usine Solvay à Zakrzowek près de Cracovie, pendant la guerre. Également, au choix qu'avait fait l'épiscopat polonais (le Cardinal Wyszynski le premier), à l'époque de la confrontation avec le régime communiste, de prendre en toute occasion le parti des travailleurs, revendiquant pour eux tant un salaire décent que des conditions de travail humaines, et dénonçant l'autoritarisme sous lequel ployaient les ouvriers dans les entreprises polonaises. Les évêques polonais touchaient ainsi, à un point très sensible, un régime qui avait voulu être celui des travailleurs, des ouvriers industriels spécialement, mais l'était hélas fort mal.

Laborem exercens est, avec *Redemptor hominis* (1979) et *Dives in misericordia* (1980), donc les deux premières encycliques de Jean-Paul II, la troisième qui relève presque complètement de sa rédaction personnelle, et il n'y en eut sans doute pas d'autres ensuite, le pape se faisant davantage aider. Dans *Laborem exercens* « on retrouve, a dit Philippe Laurent, son style ample, parfois répétitif, procédant par élargissements successifs, avec des reprises pédagogiques pour articuler entre eux les différents chapitres. Pensée involutive qui, dans la traduction française, n'est pas toujours facile à saisir dans sa rigueur et dans son fond »[4].

Sollicitudo rei socialis, en 1988, est, de son côté, une reprise de la question du développement, pour le vingtième anniversaire de *Populorum progressio* de Paul VI (1967). Un anniversaire de *Populorum progressio* ne s'imposait pas de la même manière que ceux de *Rerum novarum*, on peut donc estimer que l'attention ainsi portée par Jean-Paul II aux problèmes du tiers monde fut, elle aussi, le fait d'un choix très exprès . On est alors dans le moment – on l'a un peu oublié depuis lors – où, après divers voyages, le pape s'intéresse le plus fortement au tiers monde.

Faut-il dire que c'est aussi le moment de l'échec du tiers monde ? Pas tout à fait, dirai-je... Mais c'est le moment où l'on s'aperçoit du décollage rapide de quelques pays, tels les « dragons » du Sud-est asiatique (incluant bientôt la Corée du Sud) – on dit de plus en plus « les NPI – nouveaux pays industrialisés » –, et, par contraste, de la stagnation et des déboires économiques et politiques d'autres pays, surtout d'Afrique. Pierre de Charentenay qui présente l'encyclique dans *Le discours social...*, écrit : « Cette lettre est reçue dans un contexte de reprise économique pour le monde développé, mais de crise constante pour le tiers monde miné par une dette extérieure de plus en plus lourde et par des désorganisations politiques et sociales que les gouvernements n'arrivent pas à dominer. Certains pays ont cessé le paiement de leur dette (la crise de la dette a explosé au Mexique en 1981). D'autres s'enfoncent dans le chaos, comme la Colombie et le Pérou... L'Afrique est soumise aux mêmes tensions, sans avoir les moyens économiques d'une reprise. En revanche, plusieurs pays d'Asie semblent se diriger vers un progrès réel. »[5]

Quant à la rédaction : une première ébauche de l'encyclique a, semble-t-il, été préparée par des conseillers polonais, le pape lui-même intervint alors beaucoup ; la suite de la rédaction, toujours guidée évidemment par lui, fut largement le fait de Mgr Jorge Mejia, vice-président à ce moment-là de la Commission pontificale (bientôt tranformée en Conseil pontifical) Justice et Paix. Est sûrement du pape personnellement la présentation du cadre politico-stratégique des questions de développement, avec la référence appuyée aux deux blocs, Est et Ouest, dont la lutte lui semble un obstacle au dépassement du sous-développement. Nous sommes, il est vrai, à la veille de la liquidation de cette opposition, on l'a souvent fait remarquer par la suite, et on a reproché au pape d'en avoir parlé encore (mais qui prévoyait vraiment l'évolution ?)

Jean-Paul II a donné à plusieurs l'impression de moins s'intéresser ensuite au tiers monde. Quand il a publié *Centesimus annus* en 1991, plus d'un Latino-américain, à ma connaissance, s'est plaint de ce que l'encyclique soit très européenne, « ignore le tiers monde ». C'était, bien sûr, oublier que *Sollicitudo rei socialis* avait été consacrée tout entière à ces problèmes trois ans plus tôt seulement... Mais les textes disparaissent très vite aujourd'hui dans les mémoires ! On peut certes inversement dire qu'il est important pour le responsable de l'Église entière de ne sembler à aucun moment être absent d'un problème de l'ampleur qu'a encore et qu'aura sans doute pour longtemps celui du tiers monde.

La rédaction de *Centesimus annus* a commencé, quant à elle, aussitôt après la parution de *Sollicitudo rei socialis* en 1988. Dans l'entourage du pape certains estimaient qu'il ne pouvait pas se lancer si tôt dans la préparation d'une nouvelle encyclique sociale... Mais l'anniversaire – centième cette fois – de *Rerum novarum* ne pouvait être ignoré. Nul certes ne savait, au cours des premiers préparatifs, s'ils devaient mener à une nouvelle encyclique, à une simple allocution, ou à un document d'une autre forme encore. Ce fut finalement, tout de même, une encylique, et d'une grande importance.

Les premiers préparatifs, selon l'information que j'en ai, n'avaient assurément pas tellement de relief ou d'originalité, tout était trop simplement déterminé par la perspective de l'anniversaire. Mais survinrent bientôt les extraordinaires événements de 1989 (gouvernement Mazowiecki en Pologne, réformes en Hongrie, chute du mur à Berlin, effondrement en Tchécoslovaquie aussi). 1989 apparut vite comme une sorte d'année merveilleuse de la liberté et de la libération en Europe. Le pape introduisit ainsi dans l'ébauche de l'encyclique tout un chapitre d'évaluation des événements. Il a comme titre « 1989 », sans rien de plus.

Le pape relut, d'autre part, l'encylique *Rerum novarum* comme l'annonce, le présage – par sa critique du socialisme – de ce qui venait de se dérouler, en 1989 et déjà dans les années précédentes. La nouvelle encyclique comporte par voie de conséquence un bilan de la ruine du « socialisme réel » – pour ne pas dire du socialisme tout court, le pape ne faisant pas toujours la distinction.

Le chapitre sur l'économie amorcé dès 1988 fut, enfin, remanié et considérablement enrichi pour répondre à la problématique de ce qu'on peut appeler celle du « triomphe » du libéralisme, ou du capitalisme, s'imposant comme la solution sans égale, particulièrement dans les pays de l'Est européen (en tout premier lieu en Pologne). Le pape fut amené à prendre acte d'une manière neuve de l'économie libérale – de grands économistes furent consultés, cette consultation entraînant dans l'encyclique un usage plus franc que par le passé du vocabulaire de leur discipline (par exemple des termes « marché », « profit », travail dit « moderne »...). Le pape ne se laissa certes pas abuser par le fameux « triomphe » du libéralisme et mit plutôt en garde contre nombre d'insuffisances de ce système, surtout contre ses conséquences sociales négatives, qui se sont, précisément, fortement manifestées depuis lors.

Un chapitre sur l'État de droit et la démocratie est semblablement inspiré par les événements de 1989. Toute l'encyclique en vint donc en définitive à répondre aux problèmes de la situation neuve qui se présentait en Europe centrale et orientale, sans parler des contrecoups sur le reste du monde, tiers monde compris.

Notes

1. *Op. cit.*, p. 601 et suiv.
2. *Ibid.*, p. 613.
3. *Ibid.*, p. 693.
4. *Ibid.*, p. 629.
5. *Ibid.*, p.709.

Annexe 2

LE DÉVELOPPEMENT POUR JEAN-PAUL II

Le thème du développement n'étant touché dans notre ouvrage que par un biais, celui des considérations théologiques auxquelles Jean-Paul II fait droit à son propos, il paraît utile de présenter dans cette annexe ce qu'il a dit du sujet, même si celui-ci ne semble pas devoir faire pour l'instant l'objet d'une reprise autant que les questions traitées dans les chapitres principaux de l'ouvrage.

Ce que Jean-Paul II en a dit est dû à l'expérience directe qu'il en a acquise au début de son pontificat. Il ne le connaissait guère auparavant mais a été très frappé par ce qu'il a découvert. Et il a suivi de près la problématique du développement au cours des années 80. Le fruit en est *Sollicitudo rei socialis* au début de 1988 (datée toutefois de 1987 pour rester en règle avec l'aniversaire de *Populorum progressio* que le pape voulait fêter).

LE DIAGNOSTIC

Le premier point qui frappe est le jugement porté sur l'évolution pendant les vingt années séparant de *Populorum progressio*. Ce jugement a été estimé sévère. Il l'est en vérité. Il n'est pas sans nuances pourtant.

En ce qui concerne l'Afrique, il semble avoir été pleinement confirmé. La difficulté est plutôt dans le fait que le pape généralise encore, en 1987, quand un certain nombre de pays d'Asie – et plus récemment d'Amérique latine –, quant à eux, décollent. Voici quelques-unes de ses affirmations majeures : « Les espoirs de développement, si vifs en 1967, semblent aujourd'hui [en 1988 donc] beaucoup plus éloignés qu'alors de leur réalisation... En ces années-là régnait un certain optimisme sur la possibilité de combler, sans efforts excessifs, le retard économique des peuples moins favorisés, de les doter d'infrastructures et de les aider dans le processus de leur industrialisation »[1].

« On ne peut pas dire, poursuit le pape, que les différentes initiatives religieuses, humaines, économiques et techniques prises depuis lors aient été vaines : certains résultats ont pu être obtenus. En général, pourtant, compte tenu de divers facteurs, on ne peut nier que la situation actuelle du monde, du point de vue du développement, donne une impression plutôt négative »[2]. « La première constatation négative à faire, précise-t-il, est la persistance, voire souvent un élargissement, du fossé entre les régions dites du Nord développé et celles du Sud en voie de développement »[3]. Il ajoute certes : « Cette terminologie géographique a seulement valeur indicative car on ne peut ignorer que les frontières de la richesse et de la pauvreté passent à l'intérieur des sociétés elles-mêmes, qu'elles soient développées ou en voie de développement »[4]

Mais « fossé », poursuit-il, pour insister, en vérité, « n'est peut-être pas le mot le plus approprié pour décrire l'exacte réalité, en ce sens qu'il peut donner l'impression d'un phénomène stationnaire. Il n'en est pas ainsi. Dans la marche des pays développés et en voie de développement, on a assisté, ces dernières années, à des vitesses d'accélération différentes qui contribuent à augmenter les écarts, de sorte que les pays en voie de développement, spécialement les plus pauvres, en arrivent à se trouver dans une situation de retard très grave »[5]. Les indices culturels demeurent, ajoute-t-il, fort négatifs, entre autres les indices d'alphabétisation, d'instruction supérieure, de « participation à la construction de son propre pays », d'exploitation et d'oppression économique, de discrimination (dont la discrimination raciale).

LE BLOCAGE DE L'INITIATIVE

Un trait particulièrement significatif (et nouveau dans le langage de l'Église – annonçant *Centesimus annus* de l'année 1991 mais nous sommes en 1988 encore –) est une longue remarque sur l'initiative et le droit à l'initiative : « Il faut, dit Jean-Paul II, remarquer que, dans le monde d'aujourd'hui, parmi d'autres droits, le droit à l'initiative économique est souvent étouffé. Il s'agit pourtant d'un droit important, non seulement pour les individus mais aussi pour le bien commun. L'expérience nous montre que la négation de ce droit ou sa limitation au nom d'une prétendue "égalité" de tous dans la société réduit, quand elle ne le détruit pas en fait, l'esprit d'initiative, c'est-à-dire la personnalité créative du citoyen. Ce qu'il en ressort, ce n'est pas une véritable égalité mais un "nivellement par le bas". À la place de l'initiative créatrice prévalent la passivité, la dépendance et la soumission à l'appareil bureaucratique, lequel, comme unique organe d'"organisation" et de "décision" – sinon même, de "possession" – de la totalité des biens et des moyens de production, met tout le monde dans une position de sujétion quasi absolue, semblable à la dépendance traditionnelle de l'ouvrier-prolétaire par rapport au capitalisme. Cela engendre un sentiment de frustration ou de désespoir et cela prédispose à se désintéresser de la vie nationale, poussant beaucoup de personnes à l'émigration et favorisant aussi une sorte d'émigration "psychologique".[6] » Le propos concerne pour une part les pays communistes, il vise néanmoins aussi, très directement, dans l'intention de Jean-Paul II, les pays en voie de développement.

Il y a, fait encore remarquer le pape, des traits de la situation qui sont communs aux pays développés et aux pays en voie de développement : la crise du logement, le chômage et le sous-emploi. « Gravité alarmante d'un tel phénomène dans les pays industrialisés », dit-il à propos du premier[7]. Mais suit aussi cette considération sur la dette des pays en voie de développement, facteur certain, quant à elle, d'aggravation de la situation de ces pays dans les années 80 : « Les circonstances ayant changé aussi bien dans les pays endettés que sur le marché financier international, l'instrument prévu pour contribuer au développement s'est transformé en un mécanisme à effet contraire. D'une part, les pays débiteurs, pour satisfaire le service de la dette, se voient dans l'obligation d'exporter des capitaux qui seraient nécessaires à l'accroissement ou tout au moins au maintien de leur niveau de vie. D'autre part, pour la même raison, ils ne peuvent obtenir de nouveaux financements également indispensables. Ainsi le moyen destiné au "développement des peuples" s'est-il transformé en un frein, et même, en certains cas, il accentue le sous-développement »[8].

NOTATIONS PLUS POSITIVES

À la fin du chapitre qui contient ces notations, Jean-Paul II veut retoucher ce tableau qui paraît sombre, il ne le transforme pourtant pas vraiment. Il écrit : « La première note positive est que beaucoup d'hommes et de femmes ont pleinement conscience de leur dignité et de celle de chaque être humain. Cette prise de conscience s'exprime, entre autres, par la préoccupation partout plus vive pour le respect des droits humains et par le rejet le plus net de leurs violations. On en trouve un signe révélateur dans le nombre des associations privées instituées récemment, certaines de dimension mondiale, ayant pour fin de suivre avec un grand soin et une louable objectivité les événements internationaux dans ce domaine délicat »[9].

Puis, il y a, dit-il, progrès « de la conviction... de la nécessité d'une solidarité qui assume l'interdépendance et la traduise sur le plan moral » : « Sur un fond d'angoisse, de peur et de phénomènes d'évasion comme la drogue, typiques du monde contemporain, grandit peu à peu l'idée que le bien auquel nous sommes tous appelés et le bonheur auquel nous aspirons ne peuvent s'atteindre sans l'effort et l'application de tous sans exception, ce qui implique le renoncement à son propre égoïsme ».[10]

Progrès également du respect de la vie, malgré des tendances contraires (mais en 1988 le ton du pape n'est pas encore à dénoncer une « culture de mort » quasi-généralisée comme il le fera plus tard). Progrès du « souci concomitant de la paix » : « une paix qui exige toujours davantage le respect rigoureux de la justice ». Progrès de la conscience écologique, enfin[11]. Efforts notables des gouvernements, de nombreux hommes politiques, d'économistes... Contribution des grandes organisations internationales.

Grâce à cela, dit le pape, « quelques pays du tiers monde, malgré le poids de nombreux conditionnements négatifs, ont réussi à atteindre une certaine autonomie alimentaire, ou un degré d'industrialisation qui permet de survivre dignement et de garantir des sources de travail pour la population active ». Et de conclure : « Tout n'est donc pas négatif dans le monde contemporain... »[12]... Il n'empêche que le diagnostic est, comme on l'a remarqué, en général plutôt sombre.

LA LUTTE ENTRE LES BLOCS ET LE DÉVELOPPEMENT

Un point spécifique dans le diagnostic de Jean-Paul II était d'autre part celui-ci – qui n'a pas manqué de provoquer des débats (on était à la veille de l'abaissement de la garde entre les superpuissances) – : l'existence de deux blocs opposés en conflit politique ou géopolitique (« chacun des deux tendant à assimiler ou à regrouper autour de lui, selon des degrés divers d'adhésion ou de participation, d'autres pays ou un groupe de pays »). Jean-Paul II y voyait une des causes majeures du grand retard du tiers monde. « Il était inévitable, précisait-il, que l'opposition idéologique, en développant des systèmes et des centres antagonistes de pouvoir, avec leurs propres formes de propagande et d'endoctrinement, évolue vers une croissante opposition militaire, donnant naissance à deux blocs de puissances armées, chacun se méfiant et craignant que l'autre ne l'emporte »[13].

Le pape renvoyait dos à dos, peut-on dire, les systèmes. « C'est là, disait-il, une des raisons pour lesquelles la doctrine sociale de l'Église adopte une attitude critique vis-à-vis du capitalisme libéral aussi bien que du collectivisme marxiste. Du point de vue du développement, on se demande spontanément de quelle manière ou dans quelle mesure ces deux systèmes sont capables des transformations ou adaptations propres à favoriser ou à promouvoir un développement vrai et intégral de l'homme et des peuples dans la société contemporaine, ces transformations et adaptations étant pourtant urgentes et indispensables pour la cause d'un développement de tous »[14]. Ce renvoi dos à dos des systèmes a parfois surpris. Mais, il faut bien admettre, et il est important de ne pas oublier, que le pape a vraiment été sensible en ces années de guerre froide à l'idée d'une double responsabilité, ou responsabilité partagée.

Les pays en voie de développement sont fréquemment entraînés, quant à eux-mêmes, disait-il, dans ce conflit des blocs. « Les pays indépendants depuis peu, qui s'efforcent d'acquérir une identité culturelle et politique, et qui auraient besoin de la contribution efficace et désintéressée des pays riches et plus développés, se trouvent impliqués – parfois emportés – par des conflits idéologiques, qui engendrent d'inévitables divisions à l'intérieur même des pays en voie de développement, et vont jusqu'à provoquer en certains cas de véritables guerres civiles. Les investissements et l'aide au développement sont souvent détournés de leur fin et exploités pour alimenter les conflits, en dehors et à l'encontre des intérêts des peuples qui devraient en bénéficier. Beaucoup de ces derniers deviennent toujours plus conscients du danger d'être par là les victimes d'un néocolonialisme, et tentent de s'y soustraire »[15].

« C'est une telle prise de conscience, ajoutait Jean-Paul II, qui a donné naissance au Mouvement international des non-alignés ». « Celui-ci, dit-il, a connu des difficultés, des hésitations et parfois des contradictions. Dans son aspect positif, néanmoins, il tend à l'affirmation du droit de chaque peuple à son identité, à son indépendance et à sa sécurité, ainsi qu'à la participation, sur la base de l'égalité et de la solidarité, aux biens qui sont destinés à tous les hommes.[16] »

Hélas, néanmoins, « les pays en voie de développement, au lieu de se transformer en nations autonomes, préoccupées de leur progression vers la juste participation aux biens et aux services destinés à tous, deviennent les pièces d'un mécanisme, les parties d'un engrenage gigantesque. Cela se vérifie souvent, entre autres, dans le domaine des moyens de communication sociale qui, étant la plupart du temps gérés par des centres situés dans la partie Nord du monde, ne tiennent pas toujours un juste compte des priorités et des problèmes propres des pays du Sud, et ne respectent pas leur physionomie culturelle propre ; il n'est pas rare qu'ils leur imposent une vision déformée de la vie et de l'homme, et qu'ainsi ils ne répondent pas aux exigences du vrai développement »[17].

Puis, dit Jean-Paul II : « Cette situation anormale – conséquence d'une guerre et d'une préoccupation accrue outre mesure du souci de sa propre sécurité – freine l'élan de coopération solidaire de tous pour le bien commun du genre humain, au préjudice surtout des peuples pacifiques, qui voient léser leur droit d'accéder aux biens destinés à tous les hommes. [...] La division actuelle du monde est [ainsi] un obstacle direct à la véritable transformation des conditions de sous-développement dans les pays en voie de développement et dans les pays les moins avancés »[18].

Entre autres aspects de la situation, le tiers monde a été privé par là de ressources considérables : « La déclaration de l'encyclique *Populorum progressio* selon laquelle les ressources et les investissements destinés à la production des armes doivent être employés à soulager la misère des populations indigentes rend urgente l'obligation de surmonter l'opposition entre les deux blocs. Aujourd'hui, ces ressources servent pratiquement à mettre chacun des deux blocs en position de pouvoir l'emporter sur l'autre et de garantir ainsi sa propre sécurité. Pour des pays qui ont, sous l'angle historique, économique et politique, la possibilité de jouer un rôle de guides, une telle distorsion, vrai vice d'origine, rend difficile l'accomplissement de leur devoir de solidarité en faveur des peuples qui aspirent au développement intégral »[19]. Plus précisément encore et nommément : « Quand l'Ouest donne l'impression de se laisser aller à des formes d'isolement croissant et égoïste, et quand l'Est semble, de son côté, ignorer, pour des motifs discutables, son devoir de coopérer aux efforts pour le soulagement de la misère des peuples, on n'est pas seulement en présence d'une trahison d'attentes légitimes de l'humanité, avec les conséquences qu'elle peut entraîner, mais encore devant un véritable abandon de poste par rapport à une grave obligation morale.[20] »

À quoi Jean-Paul II ajoutait un jugement sévère sur les ventes d'armes au tiers monde... Et sur deux autres maux graves : d'abord, « l'aggravation d'une plaie typique et révélatrice des déséquilibres et des conflits dans le monde contemporain, à savoir les millions de réfugiés auxquels les guerres, les calamités naturelles, les persécutions et les discriminations de tous genres ont arraché leur maison, leur travail, leur famille, leur patrie. La tragédie de ces multitudes se reflète sur le visage défait de ces hommes, femmes et enfants qui, dans un monde divisé et devenu inhospitalier, n'arrivent plus à trouver un foyer »[21]. Puis, « le terrorisme, entendu comme volonté de tuer et de détruire sans distinction les hommes et les biens, et de créer précisément un climat de terreur et d'insécurité, en y ajoutant souvent la prise d'otages ». « Même, dit le pape, quand on avance, pour motiver cette pratique inhumaine, une idéologie quelle qu'elle soit, ou la création d'une société meilleure, les actes de terrorisme ne sont jamais justifiables. Mais ils le sont encore moins lorsque, comme cela arrive, de telles décisions et de tels actes, parfois de véritables massacres, ainsi que des sequestres de personnes innocentes et étrangères au conflit, ont pour simple but d'attirer l'attention sur la cause que l'on défend, ou, pire encore, deviennent de véritables fins en soi, de sorte que l'on tue simplement pour tuer.[22] »

Vraiment, la lutte des blocs a eu une gravité extrême, aux yeux de Jean-Paul II... Mais combien on a désormais déjà oublié, à la distance de dix ans, la véhémence de ce propos, l'incisivité de la mise en question, devons-nous bien constater !

SOLIDARITÉ

Sur le fond de cette analyse, le pape disait, en tout cas, avec une immense conviction l'exigence, au contraire, de la solidarité. Apparu déjà avec une forte signification dans *Laborem exercens* (c'est par la « solidarité » que le mouvement ouvrier a vaincu, fût-ce partiellement, disait Jean-Paul II), le mot solidarité est repris dans *Sollicitudo rei socialis*, et le pape en fait plus explicitement la théorie – peut-être sachant que c'est un terme qui s'est développé ici ou là dans des contextes hostiles à l'Église (dans la France de la IIIe République par exemple).

Pour décrire la solidarité, Jean-Paul II écrit : « Sur le chemin de la conversion désirée[...], on peut déjà signaler comme valeur positive et morale la conscience croissante de l'interdépendance entre les hommes et les nations. Et le fait que des hommes et des femmes, en diverses parties du monde, ressentent comme les concernant personnellement les injustices et les violations des droits de l'homme commises dans des pays lointains où ils n'iront sans doute jamais, c'est [déjà] le signe d'une réalité intériorisée dans la conscience, prenant ainsi une connotation morale »[23].

Il poursuit : « Quand l'interdépendance est ainsi reconnue, la réponse correspondante comme attitude morale et sociale et comme "vertu" est la solidarité [même]. Celle-ci n'est donc pas un sentiment de compassion vague ou d'attendrissement superficiel pour les maux subis par tant de personnes proches ou lointaines. Au contraire, c'est la détermination ferme et persévérante de travailler pour le bien commun ; c'est-à-dire pour le bien de tous et de chacun parce que, tous, nous sommes vraiment responsables de tous ». Le pape ajoutant : « Une telle détermination est fondée sur la ferme conviction que le développement intégral est entravé par le désir de profit et la soif de pouvoir dont on a parlé. [...] Ces attitudes et ces "structures de péché" ne peuvent être vaincues – bien entendu avec l'aide de la grâce divine – que par une attitude diamétralement opposée : se dépenser pour le bien du prochain en étant prêt, au sens évangélique du terme, à "se perdre" pour l'autre au lieu de l'exploiter, et à "le servir" au lieu de l'opprimer à son propre profit (Mt 10, 40-42 ; 20, 25 ; Mc 10, 42-45 ; Lc 22, 25-27) »[24].

Où concrètement trouver la solidarité ? Par exemple, dit le pape, « dans le sens croissant de la solidarité des pauvres entre eux, leurs actions de soutien mutuel, les manifestations publiques ». Autre notion capitale ensuite : « L'interdépendance doit se transformer en solidarité fondée sur le principe que les biens de la création sont destinés à tous : ce que l'industrie humaine produit par la transformation des matières premières, avec l'apport du travail doit servir également au bien de tous.[25] » Quel changement ce serait, dit le pape, si la solidarité commençait à régner ainsi.

SOLIDARITÉ « VERTU CHRÉTIENNE »

Mais, compte tenu du passé de l'idée de solidarité dans certains pays, Jean-Paul II se sentait encore obligé d'apporter cette explication, sur son rapport à la charité : « La solidarité est sans aucun doute une vertu chrétienne », dit-il[26].

« Dès le développement qui précède, explique-t-il, on pouvait déjà entrevoir de nombreux points de contact entre elle et l'amour, signe distinctif des disciples du Christ (Jn 13, 35). [Mais] à la lumière de la foi, la solidarité tend à se dépasser elle-même, à prendre des dimensions spécifiquement chrétiennes : de la gratuité totale, du pardon et de la réconciliation. Alors le prochain n'est pas seulement un être humain avec ses droits et son égalité fondamentale à l'égard de tous, mais il devient l'image vivante de Dieu le Père, racheté par le sang du Christ et objet de l'action constante de l'Esprit Saint. Il doit donc être aimé, même s'il est un ennemi, de l'amour dont l'aime le Seigneur, et l'on doit être prêt au sacrifice pour lui, même au sacrifice suprême : "Donner sa vie pour ses frères " (1 Jn 3, 16). Alors la conscience de la paternité commune de Dieu, de la fraternité de tous les hommes dans le Christ, "fils dans le fils", de la présence et de l'action vivifiante de l'Esprit Saint, donnera à notre regard sur le monde comme un nouveau critère d'interprétation. Au-delà des liens humains et naturels, déjà si forts et si étroits, se profile à la lumière de la foi un nouveau modèle d'unité du genre humain dont doit s'inspirer en dernier ressort la solidarité. Ce modèle d'unité suprême, reflet de la vie intime de Dieu un en trois personnes, est ce que nous, chrétiens, désignons par le mot "communion"[27] ». Pour préciser encore, le pape ajoute : « De nombreux saints canonisés par l'Église offrent d'admirables témoignages de cette solidarité, et peuvent servir d'exemples dans les difficiles circonstances actuelles. Entre tous, je voudrais rappeler saint Pierre Claver qui s'était mis au service des esclaves à Carthagène des Indes, et saint Maximilien-Marie Kolbe qui offrit sa vie pour un déporté inconnu de lui dans le camp de concentration d'Auschwitz-Oswiecim.[28] »

Très intéressante est au total cette affirmation simultanée de la solidarité comme une vertu significative pour tous les hommes, et de la solidarité susceptible de se déployer jusqu'à l'extrême de la charité. Le pape ayant l'idée d'une vraie continuité des deux.

LES ASPECTS CULTURELS ET POLITIQUES DU DÉVELOPPEMENT DÉSORMAIS DÉCISIFS

Est ensuite caractéristique de l'enseignement de Jean-Paul II sur le développement – c'est sans doute même le trait pratique le plus caractéristique – l'insistance sur ses aspects culturels et politiques, ou la manifestation de ses conditions culturelles et politiques. Dès le début de *Sollicitudo rei solicalis*, il dit – après Paul VI il est vrai – : « De nos jours le sous-développement n'est pas seulement économique, il est également culturel, politique, et tout simplement humain »[29]. Et : « On doit se demander si la réalité si triste d'aujourd'hui n'est pas le résultat, au moins partiel, d'une conception trop étroite, à savoir surtout économique, du développement[30] ».

Jean-Paul II note aussi dès ce moment : « Il faut ajouter les différences de cultures et de systèmes de valeurs entre les divers groupes de population, qui ne coïncident pas toujours avec le degré de développement économique, mais qui contribuent à créer des écarts. Ce sont là des éléments et des aspects qui rendent beaucoup plus complexe la question sociale, précisément parce qu'elle a acquis une envergure mondiale[31] ».

Jean-Paul II ne revient pas, il est vrai, très en détail, ensuite, sur les aspects culturels, qui ont bien entendu trait à l'éducation, aux modèles d'information, ainsi qu'aux systèmes de valeurs incorporés dans les sociétés. Il dit du moins : « Il est important que les pays en voie de développement favorisent l'épanouissement du citoyen par l'accès à une culture plus approfondie et à une libre circulation des informations[32] ». Et : « Tout ce qui pourra favoriser l'alphabétisation et l'éducation de base qui l'approfondit et la complète... représente une contribution directe au développement authentique[33] ».

Il revient, en revanche, avec précision, vigueur et détail, sur les aspects politiques, sans doute les plus actuels pour lui. Il commence par noter – c'est déjà une question politique – :

« Le développement requiert surtout un esprit d'initiative de la part des pays qui en ont besoin eux-mêmes. Chacun d'eux doit agir en fonction de ses propres responsabilités, sans tout attendre des pays plus favorisés, et en travaillant en collaboration avec les autres qui sont dans la même situation. Chacun doit explorer et utiliser le plus possible l'espace de sa propre liberté. Chacun devra aussi se rendre capable d'initiatives répondant à ses propres problèmes de société. Et chacun devra également se rendre compte des besoins réels existant, comme des droits et des devoirs qui lui imposent de les satisfaire. Le développement des peuples commence et trouve sa mise en œuvre la plus appropriée par l'effort de chaque peuple pour son propre développement, en collaboration avec les autres »[34].

Puis, il touche, très sérieusement, la question des institutions et des mœurs politiques. On se souvient, bien évidemment, de la place qu'ont occupée, récemment, dans le tiers monde les dictatures, les régimes militaires, les régimes à parti unique ou dominant ; et on sait l'ampleur, bien souvent, de la corruption. Jean-Paul II écrit en conséquence : « Nombre de pays ont besoin de réformer diverses structures injustes, et notamment leurs institutions politiques, afin de remplacer des régimes corrompus, dictatoriaux et autoritaires par des régimes démocratiques favorisant la participation. C'est un processus que nous souhaitons voir s'étendre et se renforcer, parce que la "santé" d'une communauté politique – laquelle s'exprime par la libre participation et la responsabilité de tous les citoyens dans les affaires publiques, la fermeté du droit, le respect et la promotion des droits de l'homme – est une condition nécessaire et une garantie sûre du développement de "tout l'homme et de tous les hommes"»[35].

Jean-Paul II promeut de plus l'organisation dans des ensembles géographiques cohérents, disant : « Il est souhaitable que les pays d'un même ensemble géographique établissent des formes de coopération qui les rendent moins dépendants de producteurs plus puissants ; qu'ils ouvrent leurs frontières aux produits de leur propre zone ; qu'ils examinent la complémentarité éventuelle de leurs productions avec celles de leurs voisins ; qu'ils s'associent pour se doter des services que chacun d'eux n'est pas en mesure d'organiser ; qu'ils étendent leur coopération au domaine monétaire et financier. L'interdépendance est déjà une réalité pour beaucoup de ces pays. La reconnaître de façon à la rendre plus active, représente une solution face à la dépendance excessive par rapport à des pays plus riches et plus puissants, dans l'ordre même du développement désiré, sans s'opposer à personne, mais en découvrant et en valorisant au maximum ses propres possibilités. Les pays en voie de développement d'un même ensemble géographique, surtout ceux qui font partie de ce qu'on appelle le "Sud", peuvent et doivent constituer – comme on commence à le faire avec des résultats prometteurs – de nouvelles organisations régionales, régies par des critères d'égalité, de liberté et de participation au concert des nations »[36].

Ne manquent pas non plus, enfin, dans l'encyclique, comme dans d'autres documents du Saint Siège, les recommandations tendant à la réforme des institutions économiques et financières internationales, en grand besoin tout spécialement de démocratisation, les grands et les forts y pesant vraiment trop lourd.

LE BILAN SUR CE PROBLÈME DU DÉVELOPPEMENT

La contribution de Jean-Paul II dans ce domaine du développement a, on l'aura remarqué, une notable vivacité. Le diagnostic est net, sévère, ai-je dit, provocateur donc, et les recommandations tranchent dans des pratiques concrètes (et ont dû en choquer plus d'un). Certains aspects de l'analyse, ceux touchant les « blocs », ont été toutefois trop vite débordés ou dépassés, et ceci a contribué à une exténuation plutôt rapide de l'impact de l'encyclique. Le monde changeait trop vite... Je crois du moins que l'attention portée par le pape aux aspects politiques et culturels n'est pas passée inaperçue. Elle demeure même aujourd'hui à l'esprit de maints dirigeants. Elle est comme une écharde dans leur chair au milieu de tant de malgouvernance et de corruption.

Par là surtout, *Sollicitudo rei socialis* est un complément à *Populorum progressio* sur la doctrine du développement, part importante elle-même aujourd'hui de la doctrine sociale catholique. C'est un complément toutefois seulement, dans un domaine déjà globalement balisé par *Populorum progressio* justement et par le Concile Vatican II.

Notes

1. SRS, 12.
2. SRS, 13.

3. SRS, 14.
4. *Ibid.*
5. *Ibid.*
6. SRS, 15.
7. SRS, 17-18.
8. SRS, 19.
9. SRS, 26.
10. *Ibid.*
11. *Ibid.*
12. *Ibid.*
13. SRS, 20.
14. SRS, 21.
15. SRS, 22.
16. *Ibid.*
17. *Ibid.*
18. *Ibid.*
19. SRS, 23.
20. *Ibid.*
21. SRS, 24.
22. *Ibid.*
23. SRS, 38.
24. *Ibid.*
25. *Ibid.*
26. SRS, 40.
27. *Ibid.*
28. *Ibid.*
29. SRS, 15.
30. *Ibid.*
31. SRS, 14.
32. SRS, 44.
33. *Ibid.*
34. *Ibid.*
35. *Ibid.*
36. SRS, 45.

Annexe 3

DROITS DE LA NATION ET DE SA CULTURE, DES DROITS DE L'HOMME

Jean-Paul II s'est signalé, par rapport à ses prédécesseurs, par la place faite, parmi les droits de l'homme, à ces droits, plus collectifs d'ailleurs, que sont les droits de la nation et de la culture. C'est un point à rappeler aussi, dans cette annexe.

Plus d'une fois, notons-le d'abord, Jean-Paul II, parlant des droits de l'homme, ajoute aussitôt : *et* ceux de la nation. Déjà dans *Redemptor hominis*. Dans une première phrase, par exemple, il y apparaît que la violation des droits de l'homme est facteur d'une détérioration des rapports entre les nations (facteur « de domination, de totalitarisme, de néo-colonialisme, d'impérialisme »)[1]. Dans une seconde phrase, qui suit, il est parlé des droits mêmes de la nation : « C'est un fait significatif, dit Jean-Paul II, et confirmé à bien des reprises par les expériences de l'histoire, que la violation des droits de l'homme va de pair avec la violation des droits de la nation, avec laquelle l'homme est uni par des liens organiques comme avec une famille agrandie »[2]

Il faut surtout tenir compte du très fameux discours à l'Unesco (à Paris) en 1980. Le pape y parle d'un droit de la nation presque comme si la nation était une personne, un sujet de droit. Et il a été critiqué parfois pour cela, son propos a pu d'ailleurs nourrir ici ou là certains sentiments nationalistes.

Il faut cependant tenir compte de la totalité de son explication. En effet, la nation existe « par la culture », dit-il d'abord, et pour elle. La culture, à son tour, existe par « l'homme ». Le droit de la culture ou de la nation est ainsi en réalité un droit de l'homme, et il doit, ajouterai-je, pouvoir être vérifié comme étant effectivement droit à l'avantage de l'homme. C'est l'homme qui est vraiment au centre de la revendication. « Ce que je dis ici, affirme donc Jean-Paul II, concernant le droit de la nation au fondement de sa culture et de son avenir, n'est l'écho d'aucun "nationalisme". Mais il s'agit d'un élément stable de l'expérience humaine et des perspectives humanistes du développement de l'homme. Il existe une souveraineté fondamentale de la société qui se manifeste dans la culture de la nation : il s'agit de la souveraineté par laquelle, en même temps, *l'homme* est suprêmement souverain »[3].

Jean-Paul II défend essentiellement, par là, le droit des cultures, qui sont et « restent pour l'homme la source de son être d'homme dans la vérité intérieure de son humanité ». En d'autres termes : un droit de l'homme à son identité et à ses « valeurs propres », « contre les influences et les pressions des modèles proposés de l'extérieur »[4]. Droit, encore, à une existence autonome. Le droit à la culture est, dans ces phrases de la fin du discours à l'Unesco, très impérieux : « En m'adressant à vous, Mesdames et Messieurs, vous qui vous réunissez en ce lieu depuis plus de trente ans maintenant au nom de la primauté des réalités culturelles de l'homme, des communautés humaines, des peuples et des nations, je vous dis : veillez, par tous les moyens à votre disposition, sur cette souveraineté fondamentale que possède chaque nation en vertu de sa propre culture. »[5]

Les obstacles à ce droit sont : les « totalitarismes, impérialismes, hégémonies » (« Ne permettez pas que la souveraineté fondamentale de la nation devienne victime des totalitarismes, impérialismes ou hégémonies »). Mais il est aussitôt précisé que ce sont là des obstacles parce que par là « l'homme ne compte [alors] que comme objet de domination et non comme sujet de sa propre existence humaine »[6]. La nation, de même, ne compte pour ces totalitarismes et impérialismes que « comme objet de domination et appât d'intérêts divers, et non comme sujet : « le sujet de la souveraineté provenant de la culture authentique qui lui appartient en propre »[7].

Un inconvénient de la perspective du droit des nations, est de pouvoir paraître inclure un droit sans limite de se constituer en État pour toute entité qui se déclare ou se sent nation...

Autre est toutefois, et solide et certaine celle-ci, l'exigence d'inviolabilité de la culture de tout groupe d'hommes, comme de tout homme en définitive, dont parle principalement Jean-Paul II.

Il est intéressant de noter, enfin, que Jean-Paul II a appliqué le point de vue ainsi développé au cas particulier des médias : « Cette souveraineté qui existe et qui tire son origine de la culture propre de la nation et de la société, du primat de la famille dans l'œuvre d'éducation, et enfin de la dignité personnelle de tout homme, doit rester le critère fondamental dans la manière de traiter ce problème important pour l'humanité d'aujourd'hui qu'est le problème des moyens de communication sociale (de l'information qui leur est liée, et aussi de ce qu'on appelle la "culture de masse"). Vu que ces moyens sont des moyens 'sociaux'de communication, ils ne peuvent être des moyens de domination sur autrui, de la part d'agents du pouvoir politique comme de celle de puissances financières cherchant à imposer leurs programmes et leurs modèles. Ils doivent être le moyen – et quel important moyen ! – d'expression de la société qui se sert d'eux, et qui en assure aussi l'existence. Ils doivent tenir compte des vrais besoins de cette société. Ils doivent tenir compte de la culture de la nation et de son histoire. Ils doivent respecter la responsabilité de la famille dans le domaine de l'éducation. Ils doivent tenir compte du bien de l'homme, de sa dignité. »[8]. Le pape est proche ainsi, on le voit, de maints problèmes devenus de plus en plus aigus ces dernières années.

TOUT AU LONG DU PONTIFICAT

Et il a persisté jusqu'à maintenant, tout au long de son pontificat, dans cette défense. Dans *Centesimus annus*, en effet, il a expliqué encore que l'État totalitaire tend à la « négation de la dignité transcendante de la personne »[9] et simultanément « tend à absorber *la nation*, la société, la famille, les communautés religieuses ». « En défendant la liberté, l'Église défend, dit-il, la personne, qui doit obéir à Dieu plutôt qu'aux hommes (cf. Act. 29), la famille, les différentes organisations sociales, et *les nations*, réalités qui jouissent toutes d'un domaine propre d'autonomie et de souveraineté. »[10] C'est en définitive un trait important de son enseignement et de la doctrine sociale catholique, à préserver, peut-on dire, même si les situations changent.

Notes

1. *Redemptor hominis*, 17.
2. *Ibid.*
3. Discours à l'UNESCO, 1980, numéro 14.
4. *Ibid.*
5. Discours à l'UNESCO, 1980, numéro 15.
6. *Ibid.*
7. *Ibid.*
8. *Ibid.*
9. *Centesimus annus*, 44.
10. *Centesimus annus*, 45.

Table des matières

Mise en page par Édimicro
29, rue Descartes - 75005 Paris
Tél. : 01 43 25 35 77 & 36 77 - Télécopie : 01 43 25 37 65
E-Mail : Edimicro.Dafal@wanadoo.fr

Achevé d'imprimer par Normandie Roto s.a.
61250 Lonrai
N° d'éditeur : 5237 - N° fab. : 5292 - N° d'imprimeur : 990386
Dépôt légal : mars 1999
Imprimé en France